吉祥寺 横丁の逆襲

〝街遊び〟が10倍楽しくなる本

桑原才介

言視舎

はじめに

数年前から友人と吉祥寺で飲む機会が増えていた。南口の飲食店が立ち並ぶ狭いバス通りの飲み屋に入る場合もあれば、北口の行きつけの店に行く場合もあった。そんなある日、いつもはさほど気にも留めなかったハモニカ横丁にたまたままぎれ込んだ。一瞬おや、と思った。古い木造店舗がドアや窓を開け放ってすっかりオープンになり、そこに立ち飲みのスペースを設けたイタリアのバール風の店や、焼き台を取り囲むようにお客が狭い路地に向かって並んで座っているちょっとおしゃれな焼き鳥屋があったりして、いつの間にか魅惑的で面白い空間ができあがっていたのである。我々もついさそわれるようにその一軒に立ち寄って、ビールとおつまみを頼んでしまった。覗き見るようにして通り過ぎる通行人を見ながら、ちょっと吉祥寺遊歩者になった気分。

それからもちょくちょくハモニカ横丁に紛れ込むことになった。何回か通ううちに同じような店が少しずつ増えていることに気がついた。

「誰かが仕掛けているのだろう」。直感的にそう感じていた。

常連客に聞いてみた。「すぐ角の酒屋さんが仕掛けていると聞いたけど」という返事。酒屋の主人が感性豊かな若い経営者に投資して夜の街に新風を巻き起こしていった例をいくつも知っていた私はてっきりそうだと思い込んでいた。しかし酒は取り扱ってはいたが、酒屋とは違う、あるユニークな経営者がその仕掛け人であったことは後で知ったことだ。

ともかくそのときからこの横丁のことが無性に知りたくなった。


横丁についてふれる前に、吉祥寺の街の成り立ちを俯瞰しておこう。

戦前の吉祥寺が、見渡す限り畑だった時代から徐々に商店が立ち並び始めるのは大正の末期から昭和の初期。大正十二（一九二三）年の関東大震災と東京の人口急増という二つの要因によって郊外住宅化が進んだ結果であった。

武蔵野町の人口は大正十一年（この段階はまだ武蔵野村）では五二〇〇人だったが、昭和七（一九三二）年には二万人に増加している。

移り住んできた人たちは官公庁や会社、学校などに勤務する勤め人層、作家、弁護士、医者、大学、高専の教官、それにサービス業に従事する人たちが加わる。

第二次世界大戦によって吉祥寺周辺は中島飛行機武蔵野製作所を中核とした軍需工場地帯化する。それに伴って人口はさらに増え続ける。昭和十六（一九四一）年には武蔵野町の人口は五万人を超えていく。

その段階になると吉祥寺北口に商店街が形成され、現在の商店街の原型ができていった。

そして戦争の時代を経て戦後。空襲で焼けた家が少なかったということと、都心に近く生活に便利だったということから、大勢の人が武蔵野市に移り住んできた（市制が敷かれたのが一九四七年）。

昭和二十一（一九四六）年に五万五九六九人だった人口は昭和三十三（一九五八）年には十万四一四一人と二倍に膨れ上がっていく。

高度成長経済の最盛期の昭和三十九（一九六四）年には十三万人にもなった。このあたりから商業機能、交通機能の整備が急務となり、市街地再開発につながっていったわけである。

七〇年代に入って吉祥寺中心市街地は行政、商店街が一体となって再開発が遂行された。百貨店を商店街周辺部に分散配置することによって来街者の回遊性を造るというそのプランは大成功を収めた。吉祥寺は買い物しやすいおしゃれな街として人気を博した。

再開発される前の中心商店街は、地元の生活者でごった返す日常品よりの商店街。祭や七夕の時には夜店も出てそれは大変な賑わいだった。喫茶店やレストランなどもその商店街に寄り添うように張り付いていた。街全体が横丁的で親密だった。

しかし、再開発後は雰囲気が一変した。商店街はモダンなショッピングプロムナードに変身した。匿名性を特徴の一つとする都市的空間ができ上がっていった。

人と人とが親密に触れ合う横丁的な場は、文字通り横丁に潜んでいった。

そうやって再開発とともに横丁がその存在意味を主張し始めた。

初めに東急百貨店裏や近鉄百貨店（現ヨドバシカメラ）裏に横丁が形成された。やがて横丁も「近鉄裏」のようにアンダーワールドの入り口さえも作り出すようになった。

それから三、四十年経た現在、吉祥寺も成熟期を終え、爛熟か衰退かの岐路に立たされている。

二十一世紀となり、百年に一度といわれた経済不況が、この街にも影響を与えていった。ショッピングプロムナードから近鉄、伊勢丹両百貨店が消え、有力専門店も姿を消した。駅ビルロンロンはアトレに変わり、中心市街地は金太郎飴のように全国版化していった。

再開発で潤った商店主たちの多くは、デフレ不況と家賃の高騰に立ち向かえなくなった。彼らは母屋をテナントに明け渡し大家となって賃貸業に転身していった。入居してきたテナントは主にデフレ不況に強い薬や靴のディスカウンターやファーストフードのチェーン店だった。いつの間にか街からは地元専門店が姿を消し、全国どこにでもあるような没個性的なものに変質していった。

吉祥寺駅の乗降客数もここ十年間の伸び率は低下し、その点で立川駅に大きく水を開けられている。

しかし皮肉なことに世間ではこの街を「住んでみたい街ナンバーワン」に取り上げていた。「公園と一体となった商店街だから」「半径四〇〇メートルという歩きまわりやすい商店街だから」と解説する人が多い。しかし実際の商店街の様子からみて、どうもすっきりしなかった。

そんな時にハモニカ横丁に出会ったのだった。この横丁が久々に街を見えるものにしてくれた。街を遊歩する自分の舞台が自覚できた。

私の横丁めぐりはそうやって始まった。

横丁のエネルギーは依然健在である。

週末ともなると横丁には若いカップルや家族連れが押し寄せ賑わいをつくりだす。個性的な飲食店には行列も出来ている。

光る部分が一般化すればするほど、横丁は影をしっかり作りだし、街を光と影を持った魅力的でふくらみのあるものに仕立て上げていく。

その横丁、あるいは横丁的なものを掘りさげ、吉祥寺という街を再び見えるものにするのがここでの目的である。

さあ、〝逆襲〟というにふさわしいこの横丁のエネルギーの噴出をこれからつぶさに見ていくことにしよう。

バウスシアター156p
月窓寺
卍
ニライカナイ
2号店118p
（料亭大網106p）
西友
五日市街道
町新道
コピス
吉祥寺
吉祥寺大通り
ヨドバシ
カメラ
吉祥寺図書館
ガチャガチ屋
121p
サムタイム
135p
MARU139p
ボガ198p
三浦屋85p
わらべ231p
ルーエ
サンロード
白耳義館94p
基地バー124p
弁天通り
天壺238p
せんなり瓢箪102p
ニライカナイ
1号店118p
もも吉121p
メグ2F142p
のろ1F147p
横丁（第１章）
吉祥寺駅
カフェ
ゼノン235p
懐鮮食堂222p
東京基地122p
192p
水門通り
（ボア）
175p
思ひ出178p
ボナペティ224p
和亭八陣
111p
東急イン
文化ストア
豊国食品
（五十番 2F）
174p
井の頭通り
豊後180p
末広通り
MANDA-LA2
148p
トニーズ
183p
京王井の頭線
（ ）はかつてあった場所

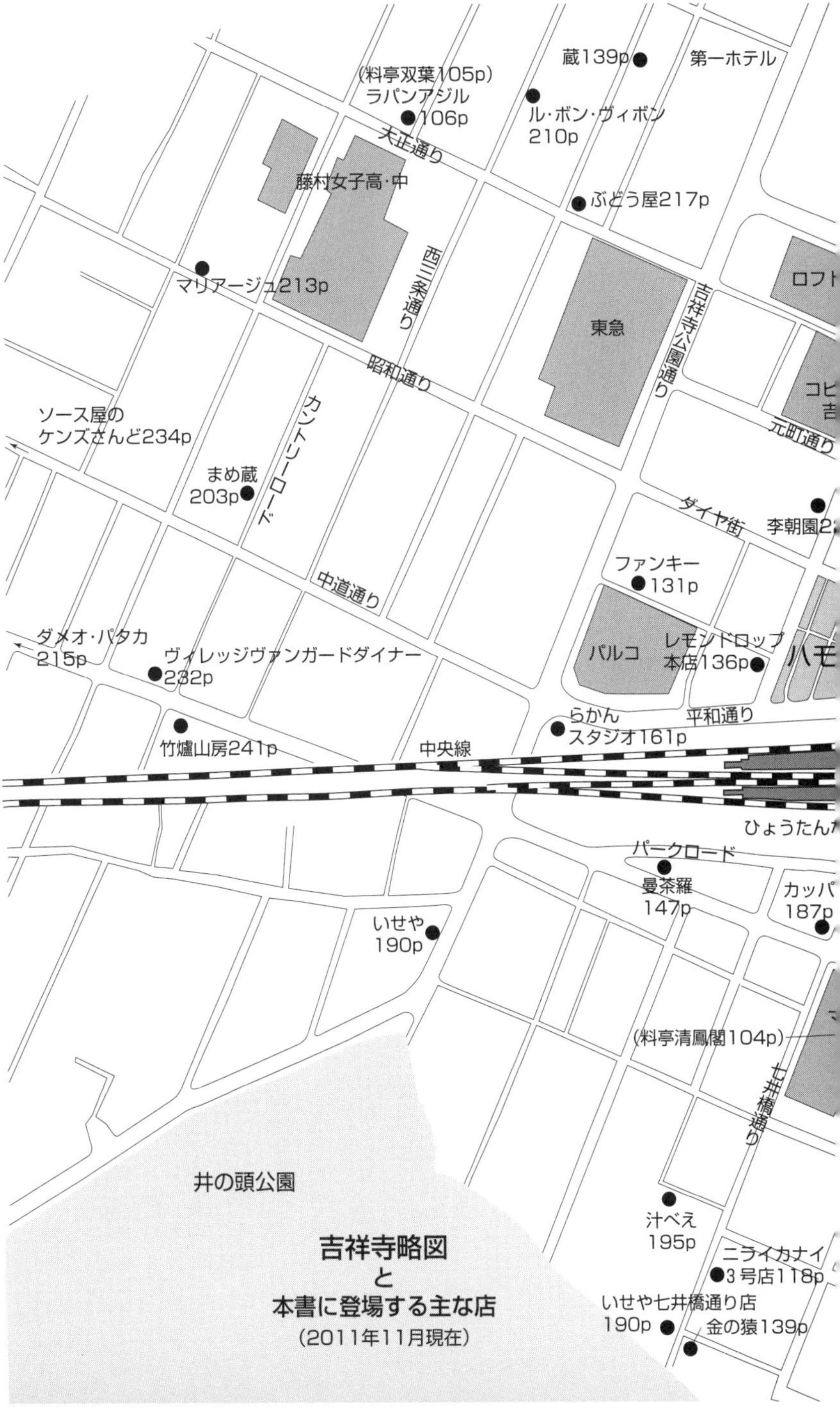

吉祥寺略図
と
本書に登場する主な店
（2011年11月現在）

目次

第1章

横丁への旅

記憶の中の吉祥寺
「平和通り」駅方向を望む
左は1966年。右は2000年撮影。「鈴木育夫写真作品集」より

1　ハモニカ横丁に激震が走った〜手塚一郎氏の挑戦

ＪＲ吉祥寺駅の北口正面向かいに位置するハモニカ横丁*。その右から二本目の筋に当たる中央通り商店街は、今最も変化の激しい横丁である。

闇市の姿をそのまま残す、安普請の木造建築物が連なる横丁だが、古く汚れた空間を完全に壊すことなくモダンな感覚を注入し、〝古くて新しい〟魅力的でユニークな空間を作り出している。

その激しい変化のきっかけになったのが、右側二軒目にあったビデオテープショップＶＩＣ２号店の二階だった。

▼一九九八年一月「ハモニカキッチン」がオープンした

一九九八年一月、その問題の店「ハモニカキッチン」がオープンした。

闇市の時代の店舗だから狭い。たった五坪のこの店に、なんと一階のテープショップの脇を通って鉄製のラセン階段で上がっていく。営業はなんと金、土、日曜日の週三日だけという特異さ。あやしげなムードも漂う。

キッチンの前にはカウンター席とテーブル席が設けられている。店舗デザインは狭くコンパクトだが、安普請の躯体を感じさせないモダンでしゃれたものだった。

当時のメニューは、まだこれという売り物を持っていたわけではない。ヤキトリ、油揚げ、エビの塩焼き、蒸しニラギョウザ、シナモン風味の鶏の丸揚げなどと、試行錯誤の状態が続いた。というより、初めから枠組みを決めようとしない姿勢がうかがえた。店主がこうしたいと思うまま、その瞬間を切り取りながらメニューにしている感じだ。

この店主こそ、ビデオテープショップのオーナーでもある手塚一郎氏である。手塚氏はそれまでユニークな小売店をいくつも手がけ成功させてきたが、飲食店経営はズブの素人だった。しかし、好奇心旺盛な彼にとって、飲食店はいつかやってみたかった世界でもあった。

「ハモニカキッチン」オープンの数年前、手塚氏が友人と行った洋服屋さんの二階にあった小さなバーでの体験が、彼の好奇心を掻き立てることになった。その洋服屋も二坪位だった。狭い階段を登っていったところに、野球チームの9人が日替わりマスターをやっているバー空間があった。そんなところに客が毎日押しかけてくる。そこに感動した。これなら自分が経営するビデオテープショップの二階でもできるんじゃないか、そう思って、早速計画を練りはじめていった。

内装は友人の小野沢宣充氏。武蔵美出の建築家だが、半年をかけたった一人でこの店を造りあげた。イラスト担当の川上修氏ともども、手塚氏の意志を店舗という空間の中に表現していった。

*看板などで「ハーモニカ横丁」となっていることもあるが、本書では「ハモニカ横丁」で統一した。

▼それまでにないにおいが通りにあふれ出ていった。

六カ月後、手塚氏は思い切って一階も「ハモニカキッチン」に切り替えた。一、二階をつなげることによって、この店を通行人に、より開かれたものにすることを決めた。ドアをなくし、路地と店舗との境をあいまいにして、より客が入りやすいように考えた。

オープンになった一階の店内は、パントリーと立ち飲み用のハイテーブルが置かれているだけ。ハモニカ横丁の小さな飲み屋はいろいろ入れ替わっているけれど、スペインバルやイタリアのバール風の立ち飲み空間は初めての試みだった。モダンな空気が横丁にいっぺんに流れ出てきた。

しかし、営業成績は利益が出るところまではいかなかった。規模が小さすぎるというのがその時の結論だった。

半年ぐらいたった後、向かいのお茶屋さんから、「退店するので借りないか」という打診があった。規模拡張のチャンスと思い、借りることにした。「ハモニカキッチン」は路地を挟んだ向かいの店舗にも拡張することになった。

こちらは一階にテーブル席を設けて、しゃれたカフェ的な空間を用意した。その二階もテーブル席になっていて、今では後述する「アヒルビアホール」の二階とつながっている。これがなんとも秘密めいていておもしろい。

手塚氏はこの頃から、「この横丁は家賃そのものは高いけれども、いろいろな試みが自由にできそうだ」と思い始めた。横丁そのものに関心を持ち始めていった。

▼食に関する実験室「フードラボ」

二〇〇三年に開業した「フードラボ」は、小島水産が鮮魚店を営業していた場所だった。店主が病気になって「手塚、お前がここ借りてやれ」と言われ、いろいろ考えた末、食に関する実験室みたいな業態を試みることにした。フードとキッチン道具とヤキトリがコンプレックスされた店だった。

ヤキトリの「てっちゃん」は、「ハモニカキッチン」の隣、「フードラボ」の一階にある。路地に向かって焼き台があり、それを取り囲むようにカウンター席が設けられ、座っている客が路地を見ている。路地を行きかう人と〝見る見られる〟という関係になっていて、演劇的な効果を生んでいった。

ヤキトリも酒も値段がリーズナブルで入りやすい。若者というよりサラリーマンや高齢者が多い。「ハモニカキッチン」でヨーロッパの裏通りの雰囲気を味わった人が、すぐ後に一見有楽町のガード下にあるようなヤキトリ屋に出会う。路地を入ってきた人達はなんとなくほっとする。「フードラボ」はこのヤキトリの業績だけが抜群に良かった。キッチン雑貨、食器、酒を取り扱った「フードラボ」は、実験を重ねながらやがてその姿を大きく変えていくことになる。

▼増殖するアヴァンギャルドな店

二〇〇八年、二階を「NEWハモニカキッチン」という名の飲食店にしたが、二〇一〇年に一階を立ち飲みのビアホールにする時に一階と二階が連続したビアホールに切りかえた。それが今の「アヒルビアホール」だ。

ただ、二階に上がる階段の壁面をワイン棚にしておくことによって、「フードラボ」の性格を一部残した。このワイン棚から好きなワインを選び、六三〇円出すと店内でも飲めるという仕組みもまたおもしろい。

「アヒルビアホール」と隣の「てっちゃん」とは、もともと同一店舗だったので、はっきりした間仕切りがない。それは屋台のような解放感を与え、より親しみのもてる空間感覚をもたらしてくれる。

一階が立ち飲み、二階が客席というスペインバルスタイルは、さらに「みんみん」の手前の「カフェ・モスクワ」、路地を左折した、魚肴と地場野菜をテーマとした「エイヒレ」（そこはかつて豆腐屋だった）と続いていく。仲見世通り商店街（吉祥寺駅から見て右端の横丁）入口に二〇〇八年に開業したローストチキンの店「ポヨ」も、同じバルスタイルをとっている。

最近開業したビアホール「ミュンヘン」（二〇一一年四月開店）は、中心街であるダイヤ街にも面していて、通りと路地との接点に位置する。ダイヤ街を通行する来街者たちに、一瞬まなざしを向

「ハモニカキッチン」(上)　「てっちゃん」

けさせられる店舗デザインになっている。一、二階ともテーブル席だが、一連のスペインバル風の店舗の延長線上にあるので、路地から入って来た人たちには少し気取ったおしゃれな店に見える。一方ダイヤ街を通行する人にとっては、路地を意識させる、つまり予期せぬことが起こりそうな秘密めいた空間に見えているはずだ。最近では、日常とはちょっと違った時空間を楽しみたいと思うお客たちが立ち寄っていくようだ。

仲見世商店街の中の寿司屋「片口」もごく最近のオープン（二〇一一年八月開店）。もともとビデオショップＶＩＣがあったところで、一階がカウンター席、二階がしゃれたテーブル席になっており、カウンターの中に寿司職人が一人で刺身を出したり寿司を握ったりしている。香ばしい匂いを漂わせるゲソ焼きまで気軽に対応してくれることからもわかるように、値段もリーズナブルで安心して過ごすことができる。店はオープンエアになっていて路地との境がない。暖簾ならぬ白い布が何気なくぶら下がっていて、それだけが境をつくりだしている。〝横丁の寿司屋〟の演出が心にくいばかりだ。

以上はすべて手塚一郎氏のプロデュースである。

アヴァンギャルドであり続ける手塚氏。かつての〝闇市〟が持っていたカオスの中に入って、おのれのイメージに沿いながら新しいカオスを作りだしている氏は、次つぎに破壊＝創造を繰り返している。しかもそれは全速力で駆け抜けるかのようなスピード感だ。自分の店もどんどん変えていく。

〝最近闖入《ちん》した新参者〟によるアヴァンギャルドな横丁づくりは、時間をかけてゆっくりと改良していこうとする周囲の店主にとっては、感覚的にも相容れることのない行為に見えることもある。しかし、それらの反感を肌で感じながらも手塚氏は、おのれの横丁という舞台づくりを失敗を恐れることなく押し進めている。

▼手塚一郎氏の来歴

ここで手塚一郎氏の過去を若干振り返りながら、なぜここまで横丁にアヴァンギャルドな風を起こそうとするのか、その根拠を探ってみようと思う。

手塚氏は一九四七（昭和二十二）年生まれ、宇都宮市の出身。実家は古い商店街の中にある老舗「手塚すっぽん店」。進学高で有名な宇都宮高校を出た彼は、一九七二年にＩＣＵ（国際基督教大学）に入学。しかし当時大学は学生運動で混乱していた。

そんな中で彼は、二年目にはドラッカー（経営学）を捨てアートの世界に関わっていく。舞台装置から入っていくのだが、小さな演劇集団なので役者から脚本書きまでやらされた。この時すでに彼の破壊＝創造の精神は発揮されていた。出来上がっていた脚本を全部自分で作り替えて、自分のイメージをつくりあげていったこともあった。

演劇の中にビデオを持ち込み、ビデオ映像を舞台の中で映し出すという当時としては新しい試みもおこなった。そんなことを契機にビデオに関心が移っていく。学内有線テレビを企画したりしながら、ビデオという映像機器の可能性を自分の宇宙の中で探り出そうとした。まだ学生の頃のことだ。

卒業後もビデオを使った実験は続けられていた。七人の仲間と金を出し合って、ビデオの「情報記録センター」をつくり、唐十郎の「状況劇場」(赤テント)、暗黒舞踏と呼ばれた土方巽の「アスベスト館」などの記録ファイリングを試みた。しかし金が出て行くばかりのこの仕事は途中で挫折した。

またビデオを使ってアパート内限定の小さなテレビ局を作ったりもした。

これらの試みは失敗を重ねていくが、ビデオがまだ一般化していない時代に、彼はこのビデオ機器やテープの流通の中に入り込んでいく。

一九七九年、この吉祥寺で立ち上げたビデオ機材専門店は話題を呼び、全国からファンが駆けつけてくるようになった。彼らは二〇万円、三〇万円のビデオと機材を平気で買っていった。

その店ではビデオテープが良く売れた。

今度は駅に近いところでテープ専門の店を作ろうと物件を探した。

そうやって見つけたのがハモニカ横丁の中の三坪の店だった。

▼ハモニカ横丁との最初の出会い

この手塚氏とハモニカ横丁との最初の出会いは一九八九年のことだった。当時は、ハモニカ横丁そのものにさほど興味を抱いたようにはみえない。やはり一九九八年の「ハモニカキッチン」から、フードビジネスへの関心とともにこの横丁への興味が芽ばえていったようだ。

しかし彼の興味は深化の方向に向かわず、絶えず揺れ動いていく。流動していてとどまらない。外食産業である「ハモニカキッチン」への関心の移行も、自分が直接出会った未知の領域への興味からだったと言える。外食事業を専業として本格的に展開しようと思ってここにやってきたのではない。

しかし、「こんな空間にこんな居酒屋があったらおもしろい」という発想は、意外にも暗闇に隠されていた都市空間に風穴をあけることにつながった。小さな二階の居酒屋から出発した試みが、商売上の理由から店舗の拡大につながっていったとはいえ、手塚氏の関心は、売上げの増大や店舗数の拡大（むろんそれらは無視できないが）だけに向いてはいなかった。

自分の舞台づくりが街そのものに刺激を与え、反応を起こし、亀裂をつくりだしていることになかば興奮し、この場所におのれのマーケティングを絞り込むことを決意し、おのれの横丁づくりに突進していった。

戦後の闇市がそのままの姿で残っている稀少な場所での試み。世間が注目した。ハモニカ横丁は吉祥寺の代名詞のようにまでなってきた。ハモニカ横丁を通して街が見えるようになってきた。

2　ハモニカ横丁　二代目、三代目の挑戦

ハモニカ横丁の中の店舗は地権者も、その地権者からテナントとして賃貸して営業する営業者も、時代と共に大きく変化してきた。そのなかで手塚氏の試みは特に目をひいたが、業態を変えたり、店舗イメージを変えたりしながらも、依然この横丁のＤＮＡを守り続けている二代目、三代目の若い経営者たちの存在を忘れてはならない。

彼らは突然注目を浴び始めたこの横丁の中で右往左往することなく、マイペースで横丁にふさわしいビジネスを続けている。この横丁の二階で生まれ育った者も多い。彼らにとって、横丁が人生そのものだったわけだ。大型店の進出でシャッター通りのようになった二〇〇〇年の頃も、お互いに情報交換しながら古い殻からなんとか抜けだそうともがいてきた。

▼精肉店の三代目は洋食屋を始めた「ジョリーパッド」

「ハモニカキッチン」の先にあるバーベキューキッチンの「ジョリーパッド」は、精肉店の三代目

鈴木雄二氏（三十六歳）が十一年前に立ち上げた店だ。横丁の中では比較的広い店で、三十人のパーティもできる。鉄串に刺されたボリュームたっぷりの炭火ＢＢＱ串（三六〇円から四八〇円）は、精肉店の意地が伝わってくるしっかりした歯ごたえとうまさ。特製ジンギスカン（ラムもも肉と野菜のセット一人前八五〇円など）や鴨のチャンチャン焼き（一人前九〇〇円）などが人気だ。

この通りを「中央市場」といっていた一九五〇年の頃には、すでに精肉店として盛業中だったのだから歴史は古い。先々代が福島から出てきて「いせや」で修業し（今のヤキトリ「いせや」はかつて精肉店だった）、この場所に店を構えた。ものすごく繁盛した店で、東急百貨店の場所にあった名店会館や、南口の文化ストアにも支店を出していたようだ。

しかし、大型店の進出によって徐々に客は奪われ、氏が二十四歳位の時、経営が成り立たなくなってきた。二代目の父親から「店を閉めて何かやってみないか」と言われた。精肉店の先行きに見切りをつけた三代目鈴木雄二氏は、飲食店への転業を決意した。

最初の三年間は居酒屋の経営を試みていたが、二十八歳の時に精肉店だったＤＮＡを生かすことを考え、今のＢＢＱのお店に特化することに決めた。

その試みは当たった。手塚一郎氏が仕掛ける横丁づくりも追い風になった。スペインバルのようなオープンな空間イメージはないけれど、アコーディオンドア式の大きなガラスドアから店内が伺えて入りやすい。店内装は木材をワイルドに使ったウエスタン調の雰囲気。バーベキューとウエスタンがうまく調和していておもしろい。

鈴木雄二氏は、高校を卒業してから一年間ほどフリーターをやった後、調理師専門学校に入る。精肉店の将来性にその時から不安を抱いていたのかもしれない。専門学校を出た後四、五年イタリア料理店、フランス料理店、焼肉店などで修業してきた。転業を決意した時は、父親も彼も、その時がいよいよ来たと思ったのだろう。

▼「みんみん」の味は二代目が引き継ぐ

「みんみん」はいつ来ても満席状態が続く繁盛店だ。客のお目当ては名物の餃子とあさりチャーハン。

二代目後藤友宏さん（三十九歳）は、父親が亡くなった二年前に後を継いだ。丸坊主の頭でその精悍な風貌はいなせな感じだ。まだ若いがリーダーシップを発揮してこの繁盛店を盛り上げている。

もともと初代は芝浦の和菓子とパンを売る店に勤めていたのだが、思い立って中華の世界に足を踏み入れた。初めは世田谷の「五十番」という店でみっちりと餃子の修業。一九七二（昭和四十七）年、吉祥寺周辺が再開発によって大きな変貌をとげた時、このハモニカ横丁に店を構えた。そこは一九五〇年代には中華そば屋があった場所だ。地の利が良かったせいか、初めから良く繁盛した。

この「みんみん」はスペインバルのようなこじゃれた感じからは縁遠いが、いかにも古くから愛されてきた〝横丁の中華屋〟という風情があって、人間くささを感じさせてくれる。また、よく店に行列ができていて、赤い大きなちょうちんとともにこの通りを活気づけている。

餃子は大ぶりで中のあんもたっぷり。五個で四〇〇円だが、これだけでもかなりのボリュームだ。年配の常連客などはビールを飲みながらこの餃子で腹を満たしていく。ザーサイが脇に乗せられて出てくるあさりチャーハンも、あさりの味がチャーハンにうまく馴染んでいて絶品だ。

餃子のテイクアウトが多いのもこの店の特徴。通りに面した専用の窓口にはいつも持ち帰り客でいっぱいだ。

▼三代目姉妹が引き継ぐラーメンの味「珍来亭」

「珍来亭」は、二代目の飯田泰子さん（八十一歳）が体調をくずして店に立てなくなったこともあって、その娘姉妹が三代目として立派に店を切り盛りしている。今年二〇一一年で創業六十年。姉妹にとっては祖父に当たる飯田さんが一九五一（昭和二十六）年にここにラーメン店を立ち上げた。

三代目の姉の恭子さんは、横丁の活性化活動にも熱心で、朝市などのイベントの先頭に立っている。この店のラーメンは、豚、鶏、煮干から作ったベーシックなスープだが、少し濃い目の醤油味が独特でクセになる。常連客が多いのも肯ける。

店内は一階がキッチンとテーブル席一つにカウンター席、二階がテーブル席で狭い空間を有効に使っている。ドアを開けたら真正面から姉妹の威勢のいい声がかかるのでお客も期待感が膨らむ。二代目の母親もかつては同じだった。お客の好みをすぐ覚え込み、しっかりと常連客にしてしまった。

「みんみん」(上)　「珍来亭」

昼はラーメン店だが、夜は居酒屋に切り替わり、狭い空間を時間的にも有効に活用しようとしている。

居酒屋タイムは午後六時半から〇時まで。昼の名物濃厚醤油ラーメンは一日限定十名様に限られ、酒とつまみ料理が用意される。酒は本格焼酎や日本酒が五〇〇円程で飲むことができる。つまみはラーメンのトッピングに使う食材をおつまみ風に調理したものや、名古屋風手羽先揚げや（六〇〇円）、宮崎名物チキン南蛮（六八〇円）など夜のメニューとして工夫したものを揃えている。

一般にラーメン店の二毛作作戦はうまくいかないものだが、夜になると周辺の小さな居酒屋が活気づくので、相乗効果をねらおうとする姉妹の作戦なのだろう。何よりこの姉妹は、お客との親密なコミュニケーションが好きなタイプ。お客の中へという気持ちがこのようなかたちを生み出したともいえそうだ。

▼鮮魚店の三代目はイタリアン、「トラットリア　ピアットフレスコ」

「ハモニカキッチン」「てっちゃん」「アヒル」と手塚一郎氏が連続して展開する店の先に狭いながらもこじゃれたイタリア料理の店がある。一階はキッチンとカウンター席、二階がテーブル席で、清潔感あふれるモダンなお店。テーブル上ではいつもワイングラスがセットされていて、提供される料理やワインの高いクオリティを予想させる。

経営する増田尚二氏は、実は筋違いになる朝日通りの鮮魚店不二家の三代目に当たる人。祖父の代から続くこの鮮魚店で、祖父や母親が年中働きづくめだった姿を見て育った尚二氏、小学校の頃から店を手伝わされるのが嫌でしょうがなかった。物心がついてからは、飲食業の世界に入ることを決意した。父親も、まだ自分が充分働けるという自信もあったのだろうか、息子の意志を尊重していった。

新宿調理師学校を出た尚二氏は、新宿プリンスホテルに入社し、調理師の道を歩み始める。二年間を経て「自分の方向とは違うな」と感じて街場のイタリアン、ダイニングバー、居酒屋などを経験し、二十二、三歳の頃にイタリアンでやっていこうと決意する。本格的に勉強するためイタリア本土にも修業にでかけた。フィレンツェ、ナポリのレストランを渡り歩いた。二十五歳の時である。

帰国後、不二家鮮魚店の倉庫として使っていた今の場所で開店の準備。木造の古い建物なので、鉄骨を入れてしっかりした躯体に切り変えた。お客商売なのでもしも事故でもあったらとの増田氏の訴えに、建て替えに難色を示していた行政も、しぶしぶ了承した。

二〇一〇年六月に「トラットリア　ピアットフレスコ」をオープンさせた。当初は気負いすぎもあったのか、コース料理しかやらなかった。が、やがてお客の反応を見ながら軌道修正。アラカルトメニューを充実させ、一品料理とワインだけでも気軽に楽しめるようにした。オーナーシェフだから即決できるのが強みだ。今では常連客もしっかりつき始めて、この鮮魚店三代目の成長を温かく見守っている。

▼「漬物バー4328」で自分らしさを提案

清水漬物店四代目の清水孝伊也《だいや》さん（三十二歳）は、三年前の二〇〇八年、平和通りからダイヤ街に抜けるハモニカ横丁で一番西側面、かつて「ツバメ通り」と言われた通りの中に「清水漬物店」の支店をオープンさせた。以前は一階が洋服屋で二階が飲み屋だった場所だ。五年ほど前、この場所で自分らしい漬物屋を開いてみたい、と友人に決意を語ったのが本当に実現してしまった。

すぐ裏の祥和会通りの狭い路地には、祖父が今も店に立っている本店がある。漬物屋が背中合わせのような形で存在すること自体、いかにもハモニカ横丁らしい。

闇市の時代に、先代はここに沢庵を持ち込み大儲けをしたようだ。それからの漬物商売。彼が弟と経営する支店には若い夫婦の常連が多いが、祖父の経営する本店はさすが年配の常連客がついている。

売り場には大きな漬け樽が並べられていて、いかにもこれ一筋で生きてきたという専門店の迫力がある。浅漬け、中漬け、深漬けに分けられていて客の好みに細かく対応している。特に深漬けには思い入れがある。昔の漬物屋では胡瓜などは茶色に変色すると漬けすぎだとして売られなかったものだが、先代はこれを逆に〝売り〟にした。それが清水屋らしい商品の奥深さを作っていった。

若い清水さんは七年前から本店の手伝いを始めた。それまでは家で一緒にいる祖父の姿しか知らなかった彼は、一緒に仕事をしだしたとたん、その祖父の仕事に対する姿勢と商品知識の奥深さに

「漬物バー4328」のある清水屋

「トラットリア　ピアットフレスコ」

圧倒された。

それまではインテリアデザインの世界に関わったり、営業や経理の仕事をやってきたが、漬物に命がけで取り組むことを決意した。祖父が築き上げてきたものに自分の感覚をプラスアルファしていったら、もっと面白い清水屋ができるのではないか。そう考えた彼は、京都の漬物屋を調べてまわったりしながら、清水屋しかできない表現を考えていった。

そのひとつが二階に設けた漬物バー「４３２８」である。ここはお客との会話の中でこれから求められる漬物のあり方を見つけていこうとする実験場にもなっている。キムチのタレでつけるうずらキムチなどもそのひとつ。うま味を伴った辛味がうずらにうまく馴染んでなんとも美味。

これからも漬物という醱酵技術の無限の可能性をここで追い求めていきたいとこの四代目は熱っぽく語る。

▼犬のケーキ屋さん　二代目高橋敦子さんの試み

たった一坪の規模だが、ここからの発信力がすごい。犬の餌やおやつが所狭しと陳列されているのだが、通りに面して設けられたショーケースの中に並べられた「犬のケーキ」を見た瞬間、意外なものを見せられた驚きで多くの人は立ちすくむ。愛犬家にとっては犬の食事は「こうでなくっちゃ」と当たり前に思うのだろうが、犬の食事＝餌という感覚でとらえる非愛犬家には、全くもって珍しいものを見せられた感覚だ。大げさに言えば、その人のライフスタイルが分類される瞬間と言えるのだろう。
チーズケーキ（三〇〇円）、豆乳プリン（三〇〇円）、バナナケーキ（三〇〇円）に、誕生日などに使われるだろうポテトやサツマイモを使ったプチデコレーションケーキまで置いてある。経営者の高橋敦子さんは家族の一員として犬を飼いはじめてからこの店を開くことを企画。ちょうど八年前、淡水魚中心の店を父親が閉店することになった。観賞魚店の一角にウナギの店を持っていたので、そこを譲りうけることになった。

そうやって二代目は、父親とは全く異なった業態で横丁のＤＮＡを引き継ぐことになった。

父親は戦後間もなく駅前で花屋を商い、やがて今の場所に移ってきて、約五十年前に観賞魚店に業態転換をしたという。彼女が子どもの頃は、横丁中の多くの人がそうだったように、二階が住まいになっていた。遊戯具が多く揃っていたことから、彼女の家には近所の子どももよく遊びに来ていたようだ。

「表通りは人さらいが多く出るから、なるべく家の中で遊ぶように」と言われて育ったという。路地裏は表通りに行き交う人にとっては秘密めいた闇の空間に映っていても、路地裏の人にとっては表通りは危険が絶えない別世界だと思われていたわけである。

都市空間の表と裏は、そこに住み、そこで商う人たちにとってそんな奇妙な関係を取り結んでいたのだろう。

3　そこは独特な闇市だった

▼駅前闇市の原型をとどめるハモニカ横丁

終戦直後の闇市の姿は今ではほとんど見られない。池袋の「美久仁小路」には闇市特有のあやしげな風情は残っているものの、ここは移転されてできた路地だ（終戦後にテキヤによって急造された駅前闇市——初期の頃は露天スタイルをとるが、やがてマーケットスタイルをとっていた——が撤去される時に、そこで商いをしていた者がまとめてここに移動した）。駅前闇市の姿がそのまま残っているのは、安田組が造った新宿西口闇市のほんの一部を残す「思い出横丁」とここ吉祥寺のハモニカ横丁ぐらいのものだろう。

しかも近代化し、大繁華街になった吉祥寺のその駅前に、今では映画のシーンでしか見られない闇市の姿がほぼそのまま残るということは、奇跡に近い。よほど利権が複雑にからみすぎて、行政も大手デベロッパーも手がつけられなかったのだろう、あるいはアンダーワールドの手が延びて近づけないのだろう、などとつい感ぐってしまうくらい、この横丁は一般常識では考えられない存在なのだ。

駅北口を降りるとそこは立派な商店街が正面と左側に控えている。しかし目の前にある低層の横丁の存在にまなざしが一瞬釘付けになる。右から「仲見世通り商店街」「中央通り商店街」「朝日通り商店街」と続き、最後に通りのサインのない「祥和会」と続いていく。ただしこの「祥和会」の一部は、かつては小さなのみ屋が連なっていた横丁だったところから「のれん小路」と称していて、今もそのサインは残されたままである。またこの「祥和会」の西端の通りは昔は「ツバメ通り」といっていたが、今は「武蔵通り」という。

▼「なぎさや」物語

「仲見世通り商店街」は、一九五〇年代には「仲見世市場」と言われていた。かつては食料品や日用品を商う小規模店が多かったということだろう。肉、魚、野菜の生鮮三品や下駄、足袋、小間物、玩具、釣具などを扱う店もあった。今でもその当時の雰囲気を残す店は干物店「なぎさや」だろう。

この仲見世通り商店街（商店街といっても道幅二、三メートルしかない小路だが）が、途中でくの字に曲がったあたりにこの「なぎさや」はある。店主の入沢勝さんと年配の従業員の方が店番をしているのだが、従業員の方は狭い通路に立って商いをしている。店内が狭くて全員が奥に入ってお客を迎えることができないからだ。それによって小路と店との境界線がなくなってしまう。

土屋商店
ダイヤ街
ステーキハウス
さとう（2F）
さとう
（1F）
清水屋
漬物バー
4328（2F）
小ざさ
塚田
水産
ミュンヘン
片口
仲見世通り
みん
みん
清水屋
珍来亭
トラットリア
ピアット
フレスコ
なぎさや
武蔵通り
エイヒレ
中央通り
モスクワ
祥和会通り
朝日通り
アヒル
ジョリー
パッド
スパ吉
てっちゃん
のれん小路
ココズスイート
ハモニカ
キッチン
ハモニカ
キッチン
ポヨ
平和通り
一実屋
モルガン
宝飾店

ハモニカ横丁略図
（2011年11月現在）

商品はシャケやタラコなど干物が中心だが品質が極めて高い。こんな小路でこんな高い値段の高品質のものが売れるのか、と思ってしまう。しかし、さすが後背地に富裕層が多く住む吉祥寺である。その高品質なものを求めてわざわざやってくるお客でこの店は成立しているのである。

昭和二十二年の創業だから、この横丁が闇市として形成された時から存在していることになる。初めは乾物中心の食料品店として商品の幅を広げていたが、競合店が増えたり、大型小売店ができたりしたので、商品を特化していった。この「なぎさや」の成り立ちはある意味ではこの横丁の成立過程を象徴しているようなので、入沢さんの話をもう少し詳しく紹介してみよう。

朝日新聞社事業開発本部が編集者になって出版された『戦中戦後・母子の記録　第六巻　生きぬいて』の中に、入沢さんの姉、山室静子さんの「闇市の青春時代」が載っている。ハモニカ横丁との関わりが詳しく記されているので、引用しながら彼女の話を追ってみたいと思う。

静子さんが吉祥寺の闇市に初めて足を踏み入れたのは十九歳の時。長野に疎開していた彼女は生きる糧を求めて疎開先の長野から父親と弟とともに吉祥寺にやってきた。少しの縁があったとはいえ全く初めての土地だった。

《駅は暗かった。黄色っぽい裸電球の光が荒れた構内を照らし、長く乗ってきた汽車の窓外の景色と同じ、わびしい色を滲ませていた。どやどやと降りたカーキ色の軍服や国民服の男たちは、どれも汚くみじめで、一様に肩からズックの袋を下げ、疲れたように足を引きずって駅舎の外に消えて

いった。》
　この短い文章の中に、敗戦によって何もかも失い、自信喪失し、しかし生きていかなければならなかった日本の男たちの姿が見事に活写されている。
《駅前広場に出た時の驚き。焼け跡にコードを張りめぐらして電球が明るく輝き、人々はざわざわと歩き回り、時折けたたましく女の声が響く。地べたに品物を置いて商っている人、声高に立ち話の一団。そしてアメリカ兵を見た。しおれた日本の男性を見て男の概念を作っていた私にとってアメリカ兵は驚異だった。》
　ここで「焼け跡」と言っているのは、強制疎開によって空地になっていた駅前のことだろう。「地べたに品物を置いて商っている」という光景からすると、ハモニカ横丁がテキヤや中国人、韓国人によって急造されたマーケットになる直前の姿なのだろう。
《吉祥寺駅近くの焼け残ったパン屋の物置を借りて、親子三人の生活が始まった。父は千葉の漁村に買出しに行き、駅前の焼け跡にできた闇市で姉弟が売った。魚を売りつくすと、闇市を牛耳っている香具師から雑貨を分けてもらって売った。》
　初めは露天商から始まったのだろう。その露天もすでにテキヤ（ここでは香具師といっている）の池田組に支配されている様子がうかがえる。やがて「古い屋台を手に入れ、焼け残ったガレージの中でおでん屋を始めた」。「住まいである物置で、野菜をおでんらしくこしらえ、大釜で煮、それを姉弟でかついで駅前まで運んだ。ウイスキーも売った。薬用アルコールに紅茶と砂糖を混ぜて薄めたものである」。
産地で仕入れたものをそのまま売るという不安定な商売から、食材を加工して売るという安定的な商売に移っていった様子がよくわかる。ウイスキーの製造過程の描写でもわかるように、かなりいい加減な飲み物でも統制下で酒類がまともに手にはいらなかった当時は飛ぶように売れた。
《駅前には、よくアメリカ兵がやって来た。姿を見るとすぐ子供たちが群がり「ギブミー、ギブミー」と叫んで、チョコレートやガムをねだった。》
アメリカ兵がよく来ていた、という話はよく聞いた。立川基地から遊びにやって来た兵隊なのだろうが、闇物資を運んできたのかもしれない。当時、軍から湯水のように支配される日用品を若い占領軍兵士たちは直接あるいは売春婦たちを通して大量に横流ししていた。配給制限の厳しいタバコ、砂糖、塩、チョコレート、石鹸、ゴム、ビール、缶詰、粉ミルクなど、東京の闇市に並んだそれらは、米軍兵士からもたらされたものが多かった。吉祥寺駅前も例外ではなかったはずである。
《闇市に巣食うやくざとも親しくなった。ショバ銭と称する場所代を取りにくる。》
ここでいう「やくざ」というのは、テキヤなのか博徒なのかわからないが、当時のテキヤは都議会にさまざまな権限を与えられ闇市を公然と支配していたせいか、彼らのルールに従わなかったものには暴力も辞さなかった。テキヤの親分は政府の代理人として税金を徴収したし、価格や流通をも支配したと言うのだから、今では考えられない状況だった。
静子さん一家はおでん屋台で資金も蓄えたので、いよいよ闇市の一画に店舗を構えることを計画。

そのためヤミ屋で一儲けしようと産地への仕入れに一層力を入れていった。
《さてヤミ屋だが、東北の石巻へなまりを仕入れに行ってみようとなった。これなら米と違って経済警察の取締りの目もやかましくないだろうし、利幅も大きい。朝早く駅に並んで汽車の切符を手に入れ、その晩の夜行で親子三人は出発した。上野発のヤミ屋列車だ。ほとんどの乗客が買出し人だった。》
そうやって、
《自分達の店（戸板を並べただけのひと囲いだったが）を持つようになった。今度は東北までわざわざ仕入れにいかなくても、担ぎ屋の運んできたものを買い取り、自分たちの店で売るようになっていた。人に頼んで転売したりもした。多少のゆとりができたのである。》
資本の蓄積によって、小規模ながらも流通＝販売形態が変わっていった様子がよくわかる話である。そうやって「なぎさや」は立派な干物商として現在に至っているのだ。

▼戦前のマーケットと戦後直後のドサクサ

この仲見世商店街で終戦直後から存在している店は、「なぎさや」以外は平和通りに面してある「甘栗なかじま」ぐらいだ。借地権を売ったり、テナントに貸したりしてどこも姿を消してしまった。

ところで、この仲見世商店街は「くの字」に曲がった小路の形をしていて、他の小路のそれと異なっているのが気にかかる。調べてみると戦前からそこにマーケットがあって、強制疎開で取り壊される際に、その建物の基礎が残されていたようだ。テキヤによって急造された建物群もその基礎を無視できず、それに沿って建てられていったのだろう。

そうなると、戦前にはそこにどんなマーケットがあったのか。

このことに関しては、サンロードの入口近くにある「恵比寿会館」（一階にマクドナルドが入居しているビル）の会長、安藤徹氏の証言によって明らかにされた。

恵比寿会館は戦前、旅館と料理屋だった。明治三十二年に吉祥寺駅が設けられるに伴い、駅を利用する蚕の種（蚕の卵）を群馬などから運んでくる行商人の宿や休憩場所として駅前に建てられた（ちなみに駅を誘致したのは月窓寺だという。「駅」前に広大な寺所有の土地があり、その価格が上がることを目論んでいたらしい、写真は251頁参照）。

戦時中は国民食堂となり、「外食券食堂」として、配給された食券を持ってやってくる住民たちに雑炊などを提供していたようだ。その裏側に当たる場所に戦前から四〇〇坪くらいの敷地を持っていた安藤家は、そこに生鮮三品や日用品を商うマーケットを造ったという。一、二階建てで、二階はマージャンやビリヤードなどの施設になっていた。

土地は全て月窓寺のもの。親戚筋に当たる安藤家は戦前から駅前商業活動を活発に展開していった様子がうかがえる。

そのマーケットが戦時中駅から五十メートルの範囲に入るという理由で、取り壊しにあった。それは駅への爆撃による類焼を避けるための強制疎開であった。安藤さんの記憶ではそのマーケットの範囲は、左隣の「中央通り商店街」（闇市の時代は「中央市場」）とさらに左隣の「朝日通り商店街」（闇市の時代は「中華マーケット」）の東側半分あたりまで及んでいたらしい。あくまで記憶なので正確なところはわからないのだが、借地権を大きく持っていた人が安藤家だけだったということが、その後のこの横丁の行方を左右したように思う。

これも安藤徹氏の話なのだが、終戦直後は安藤家も男手を戦争に取られてしまい、空地になったマーケットのあったスペースをどうするか考えようがなかった。「あっという間にテキヤが入ってきて、勝手に区割りし、建物を立て、テナントを入れていった」という。

関東上州屋池田キンゾウ親分が全てを仕切っていったようである。

安藤家は自分たちのことで精一杯という時代。借地権をめぐる争いは避けていたようだ。ただ土地は月窓寺のものであることは事実で、テキヤも月窓寺との借地権契約は無視できなかったのだろう。やがては入居した人達が、個別に月窓寺と借地権契約を結んでいくことになる。

この事情は「仲見世商店街」も「中央通り商店街」も同じだったようだ。ただ「中央通り商店街」の左隣にある「朝日通り商店街」（これは「第一アサヒ」という大きなパチンコ店があったため、そのような名前になった）は、一九五〇年代当時は「中華マーケット」といわれていたように、終戦直後の一時期、占領軍から優遇されていた中国人や韓国人が占拠した場所だった。彼らはテキヤ抜きに月窓寺と個別に借地権契約を結んでいったという。

この通りは米軍からの闇物資がかなり流れ込んでいたので、それを求めにきた人々でごった返していた。なかには月窓寺にこの闇物資を土産として持ち込んで、借地権契約を有利に取り結んでいった人もいたようだ。

「中華マーケット」には闇市当時パチンコ店や中華そば店が多かったが、一九五〇年代あたりでは業種が多様化し、魚屋、豆腐屋、酒屋、乾物屋、洋菓子屋などの物販店や、しる粉屋やうどん屋などの飲食店があった。米軍の闇物資を扱っていた名残りなのだろうか、闇市場が消えたこの段階でも、外国ものを扱う「ＯＳＳ」の店が二軒あったことは〝闇のにおい〟を残していておもしろい。

中国人とテキヤとの争いが絶えなかったといわれるが、おそらく借地権問題というよりもこの闇物資をめぐる揉めごとではなかったろうか。

▼祥和会のカオスは今も続く

ハモニカ横丁全体の中で一番わかりにくい存在が西端の「祥和会」である。かつてテキヤによって仕切られ、そのテキヤが月窓寺と借地権契約をしたので、テキヤ組織が排除された後もその会の組織は残り、契約はそのまま祥和会と月窓寺との間で結ばれている。

同じテキヤが仕切っていながら、なぜ祥和会だけが会組織と月窓寺が契約して、他の通りは個別になったのかは確かではないが、月窓寺がこの祥和会の横丁全体に頭を悩ましていたという話はよく聞いた。宗教法人のことである。成り行きで多様な契約をしてしまったのだろう。ましてテキヤや外国人相手のことである。丸く収めようと妥協を重ねていったのだろう。

この祥和会の区画は、新宿、新橋、池袋、渋谷などのテキヤが仕切っていた闇市の区割り、建て方に大変よく似ている。祥和会を仕切ったテキヤの親分も、新宿の関東尾津組の尾津喜之助氏などの闇市づくりを参考にしたのだろう。先述した「なぎさや」の入沢さんの姉、静子さんは、闇市を牛耳っている香具師（テキヤ）から「新宿の尾津組の闇マーケットは大規模だとか、新橋の闇市にはなんでもあるという話を聞いた」と回想している。

まず一区画が大変小さい。一坪から一・五坪位の空間に区切られ、そこにテナントを入れた。もともとテキヤは縁日や夜店などを仕切っていた露天商の組織。区切って簡易に空間を作ってテナントに商売させるという仕事を本業としていたものたちだ。あっという間に横丁を作りあげてしまった。

ごく狭い空間であるがゆえに、小さな酒場がふさわしかったとも言えるし、酒に飢えた男たちを集めるにはハモニカのように小さな店が連なっていたほうが効果があるだろう、という露天商を仕切るものならではの発想が発揮されたとも言える。そして何よりも、小さく区画し多くの店を造りあげたほうが場所代がより多く稼げた、という計算があったことはいうまでもない。この祥和会の横丁は、あまりに飲み屋が多かったことから「のみや横丁」と呼ばれていたようだ。

一番東側の通りに面しては約十五軒の飲み屋が連なったし、「のれん小路」と看板が今も残る右隣の路地にも約二十軒の飲み屋が連なっていた。今ではその面影を残す店は数軒点在しているが、ハモニカのように小さな店が連なった風景は、さぞや人々を圧倒したことだろう。

▼横丁の光景

「らかんスタジオ」の鈴木育男さんの写真集の中に、当時の飲み屋の風景の一部が出てくるが、戦後女性たちが幼い子どもを抱えながらこの小さな店で生活を支えていた状況がうかがい知れる。

小さな女の子が母親の店の前で、ドアに貼り付けてあるメニューを見ている（左頁）。この「音羽」の店の女主人はこの子どもたちを残して若くして他界してしまうのだが、残された子どもたちを一時横丁の人たちが預かったという。先述したラーメン店「珍来亭」の飯田さんも、写真に出ていた女の子を店の二階にあった住まいに数年間ひきとって面倒をみたと証言してくれた。

そんな悲しくも温かい話が、このようなマーケットには幾山あったことだろう。近年「らかんスタジオ」を訪れてこの写真集を手にして食い入るように見ていたある男性が、突然大きな声で泣き出してしまったことがあったという。実はその人は写真集に出てくるその女の子の兄だった。間もなくその妹も「らかんスタジオ」を訪れたことは言うまでもない。

やはりこの写真集に出てくる「たちばな」のおかみは、美人のおかみとして評判だった人だ。陽子さんというその人のことは、後述する居酒屋「豊後」の常連の人たちも覚えていて、「美人陽子」の幻影は高齢になった殿方の懐かしい昔話の中にいつも登場してくる存在なのだ。

ハモニカ横丁「音羽」、1957年撮影。「鈴木育夫写真作品集」より（55頁参照）

ハモニカ横丁「たちばな」のおかみ、1985年撮影。「鈴木育夫写真作品集」より

▼祥和会「物販部」

安普請のバラックの連店をより大きな店に統合していくことは難しくなかったのだろう。時代と共に大型の店になったり、代が替わったりして、終戦直後の風情は残念ながら見ることはできない。が、この祥和会という組織は依然そのまま残っていて、内部では「物販部」と「飲食部」とに二分されている。

その「物販部」のひとつだが、駅からパルコへ向かう平和通りに面した一角に「モルガン宝飾店」という一坪ほどの小さな宝石店がある。この店は一九四六年からの営業だから、テキヤが仕切り出した時から商売を始めていることになる。二代目の店主に言わせると建物は自分で建てたという。飲み屋以外ではこのような店舗もあったのだろう。狭い空間の中に宝飾類が所狭しと陳列されている。

平和通りを歩いていても、隣にある、これも当時から営業している果物店「一実屋《かずみや》」の威勢のいい掛け声にかき消され、ひっそりと存在しているので視認しにくい。古くからの常連客で支えられているのだろう、商売としては終戦直後と昭和四十年代が良かったという。後背地に富裕層が多かったので、外商を含めて現在の百倍近い売り上げをあげていたようだ。

この商売は在庫を長く抱え込んでいては商売にならない。商品は二回転しないと儲からないようだ。一回転なら赤字だというからかなり厳しい商売だ。しかも、吉祥寺には宝石店がたくさんあって競争が激しかったという。息子の三代目も父親と交代で店に立っていて、横丁の入口でＤＮＡを引き継いでいく。

▼原っぱの存在は本当だった

戦前のハモニカ横丁一帯には、大きな穴ぼこがあった、と証言する人が多い。しかも草がぼうぼうに生えていて、子どもたちはそこでトンボやバッタを追いかけて遊んだ、つまり原っぱだったという。その穴は吉祥寺駅のホーム造りのために掘られ、土が利用された跡のようだ。戦前戦中にここで幼少期を送った多くの人が語るのだから事実なのだろう。ただし、安藤家が設けたマーケットの大きさから考えると、原っぱはそれより西側一帯にあったと考えられる。

それが事実だとすると、その巨大な穴ぼこは、一時はゴミ捨て場になっていたにしろ（そう証言する人もいる）、戦時中は大きな防空壕になった（安藤氏の証言）にしろ、原っぱの存在は、闇市を急造するのには好都合だったのではないだろうか。しかも地主が月窓寺のみときているのだから、テキヤとしてはやりやすかったにちがいない。

もともと寺の境内での縁日や夜店を仕切ってきた彼らは、地主との交渉を大したトラブルなしに進めた。その点では、他人の土地を不法に占拠して建てられた新宿、新橋、池袋、渋谷などの巨大な闇市マーケットとは初めから異なっていた。おそらく月窓寺にしても、祭りのたびに付き合ってきたテキヤの人格、組織づくりの方法を知り抜いていたがゆえに、ある程度は大目に見ていたのだろう。

このハモニカ横丁の特異性が、「闇市」が時の流れの中で「闇」の文字が消え、闇市的風情を残すだけの生業店の横丁になり、居住する空間さえも持った長屋的横丁にもなり、いまなお存続している根拠といえるだろう。

▼闇市とテキヤとお寺

「なぎさや」の山室静子さんの文章に出てくるように、父親がわざわざ千葉まで魚の買出しに行ってそれを売る、という商行為がなぜ闇市の商いなのかという素朴な疑問を持つ人もいるかもしれない。簡単に言えば、終戦直後の極端な食料不足のもとでは、食料品や生活必需品は統制経済の下に置かれ国が定める「公定価格」で取引されなければ処罰された。

しかし国から支給される主食の量は絶対的に不足し、充分なカロリーもとれず、生活に必要な消費物資もまともに手に入らない状況だった。この中で、国民は生きていくために「公定価格」より高い、非合法な値をつけられた闇ルートの物資を手に入れざるをえなかった。その取引が行なわれた場所が「闇市」と言われたのである。

ハモニカ横丁も一九五〇年以前は、生活の糧を得るために殺到する人々でごった返した闇市だった。

一九四七年夏、飲食店全てが禁止された時には、テキヤに仕切られた飲み屋や食べ物屋がかえって急増して夜の闇市もでき上がっていったのだろう。

都内の主要な「駅前闇市」の歴史を正確にたどることは難しい。吉祥寺のハモニカ横丁の場合も、終戦直後にテキヤの池田組によってロープがあっという間に張られ、区割りが行なわれた、というのは事実のようだが、新宿、池袋、新橋、渋谷などの闇市がそうであったように、初めは屋根もない祭りの縁日のような露店が連なっていたのだろう。

どの闇市もマーケットスタイルをとるようになるのは、終戦翌年の一九四六年頃から。おそらくハモニカ横丁の現在の姿も、四六年から四七年頃に建てられていったものだろう。

今では記録が残っていないのだが、「モルガン宝飾店」のように自分で建てたというところもあったのだから、テキヤが全てを画一的な方法で店を造ったのではないのかもしれない。

ただ祥和会のエリアの内「のれん小路」や西端（ツバメ通り）の飲み屋の連店は、新宿東口の和田組マーケットの建て方を参考にしているように見受けられる。間口一間、奥行一・五間の簡易なバラックは、L字型のカウンターの中におかみさんやご主人が一人入り、客は四、五人程度が座る。一人がお客四、五人を相手に人間の温もりを感じさせるコミュニケーションをとっていく。疲れ切った殿方にとってはストレス解消のなによりの場所だったのだろう。

一九四七年頃になると占領軍、警察権力によるテキヤに対する取り締まりが始まる。闇市を支配するテキヤの幹部が軒並み逮捕され、テキヤ組織も解散を迫られていった。七月末には東京露天商同業組合が解散を決議する。ハモニカ横丁を支配してきた池田組なども、このような権力側の取り締まりに従わざるをえなかったのだろう。いつから彼らの支配から解放されたかは定かではないが、生活物資も出回り始めた一九五〇年代には、完全に姿を消していく。

▼闇市は人間の深奥に大切なメッセージを残した

全く空地であった場所に、生きるための最低必要とするものを求める人とそれを供給する人とが出会う場所は、たとえ安普請のバラックであろうと人間の息づかいがじかに聴こえる人間スケールの空間である。

関東大震災直後、ガレキの中から廃材を集めて自らの住まう空間を造りだした人々の住まいの型を美しいものとして追い求め、動物の巣作り同様の美学を語った著名な建築家がいた。住む家は、最低限の空間を最低限の材料を使って住み心地の良いものにしようとする人間の意志と物理学的与件が美しいフォルムとして結実化していったということだ。

闇市のマーケットも、物販であろうと飲食であろうと、商う人と客との出会いの場面を最もプリミティブに作りだしたもので、今見てもその姿に魅せられてしまうのだ。

両国にある江戸東京博物館には、「新宿ヤミ市模型」が展示されている。そこでは呑み屋ややきとり屋、おでん屋、汁粉屋などが並んでいて店舗空間の当時の姿だけでなく、そこで呑んだり食べたりする人々の姿も描かれていて興味がつきない。この模型にある店の一つ一つに物語があって、見ているものをいつの間にか終戦直後の世界にタイムスリップさせてしまう。

我々は博多の屋台街でも同じような感覚を抱く。昼間は何もなかった所に屋台が運び込まれ、柱が立てられ、最後に幕が張られていく。そこに客がやってきて、主人と客との関係ができる。そこで初めて都市が空間化されていく。実にシンプルな空間だが我々はいつもそこに引き付けられる。闇市のマーケットの店は本質的にそのような最も始原的な商いの場であった。

残念ながらハモニカ横丁、特に祥和会の「のみや横丁」が造られた当時の写真は残っていない。「らかんスタジオ」の鈴木育男さんが撮影した古いものでも昭和三十二年五月だ。そこでは西端の小規模な飲み屋の一角がとられていて、「音羽」や「やまと」の店の外観を見ることができる。庇はすでに固定されていてトタンのカバーで雨漏りを完全に防いでいる。一間二枚のガラスの引き戸も建てつけがしっかりしているようで、この時代になると随分と店らしくなっている。

ただ造られた当初は、他の闇市マーケットと同様のスタイルが採用されていただろうと想像される。それは一間の間口にはドアはない。カウンターの下部は板が貼られ、上部は蔀《しとみ》になった板がかぶさっている。店を開けるときには上部の蔀戸を下から押し上げて、つっかえ棒を斜めに使ってそれを支えていく。蔀戸は昼には日差しを遮り、夜は雨を防ぐ役割を果たしていく。昔から寺や城などで見られた方法である。店を閉める時にこの蔀戸を元に戻せば一枚の板になり、盗人の侵入を防ぐだけでなく、その日の人間ドラマの終焉を教えてくれた。そのような飲み屋がハモニカのように連続していたという光景を幻視するだけで、当時のハモニカ横丁が現代につながっていく。

モダンな街づくりが捨て去ってしまったものの中に、その都市の魅力が隠されているという事実を我々は知らなければならない。

▼雑多で混沌とした横丁内部の歴史

終戦直後、生きるために闇物資を求めて人々が殺到した時代には、種々雑多な業種業態のお店があったとはいえ、生鮮食料品や生活必需品が中心で、それに多数の飲み屋が加わった。小売業の中には「ＯＳＳ」という名の輸入雑貨の店もいくつも見られた。いうまでもなく米軍兵士から流れた闇物資を扱った店であった。食料品店の中にはシジミ屋、ワサビ屋、豆屋などあまりにも特化しすぎたお店もあったが、実はこれらのお店では統制品だった闇米が密かに売られていたようだ。

前述したように、「中華マーケット」と言われていた（現在の朝日通り商店街）筋にはパチンコ屋が多く、中国人らが支配していた様子がうかがえる。

一九五〇年代となると、朝鮮戦争による軍需景気もあって生活物資も豊かに流通し始め、闇市はその雰囲気は残したが、本質は過去のものになった。しかし一九五〇年代の路面図（武蔵野市史中巻）を見ると闇市の内部空間はそのまま残ったということができる。

一九六〇年代、日本は高度成長経済を迎え、ハモニカ横丁も景気が良かった。

ハモニカのように小さく並んだ東端の飲み屋群は、どんどん統合が進んでいったようだ。飲み屋が激減している。ハモニカ横丁全体では生鮮食料品の景気が良かった。仕入れてきた品物が飛ぶように売れた時期である。既存商店街も元気を取り戻してきたのだが、生鮮食料品が集中したこの横

ハモニカ横丁「音羽」と「やまと」。この左奥に料亭「春日」、「水月旅館」があった
1957年撮影。「鈴木育夫写真作品集」より

ハモニカ横丁の暮らし、「音羽」の母娘。
1957年撮影。「鈴木育夫写真作品集」より

丁の勢いはすごかったようだ。

また玩具、釣具、ボタンなどの小間物を商う店も多くあった。ということは、人々の生活に少しゆとりができてきた証と言えるだろう。

この横丁の商売にかげりが見えはじめるのは一九八〇年頃から。周辺の市街地再開発が進み、大型小売店も導入されることになって常連客たちも徐々に減少していった。営業力のない所は店じまいし、テナントに営業権を渡すようになっていった。

一九九〇年、バブルが崩壊したあたりからそれまで業績が良かった食料品店にも影響が出始め、かなりの店が撤退していった。二代目たちが「このままではシャッター通りになってしまう」と危機感を持ちはじめるのはこの頃である。

二〇〇〇年に入って先に登場した手塚一郎氏が現われ、前後して二代目、三代目たちが新しい業態を提案しながら、このハモニカ横丁の新しい時代をつくり出していった。

こうやってざっと振り返っただけでこの横丁の中には中心街にはない混沌とした状況が作りだされ、それが時とともに変化するという歴史性を持ち、古いものと新しいものとが混在し、それらを良しとする寛容性を持っていたことがわかる。

再開発の成功によって大きく発展した「サンロード」や「ダイヤ街」、「平和通り」といったショッピングプロムナードには人が溢れ活気があるように見える。しかし行き交う来街者は街そのものを見ていない。単なる通行人か購買者として通過していくだけだ。街を見るということはその街の

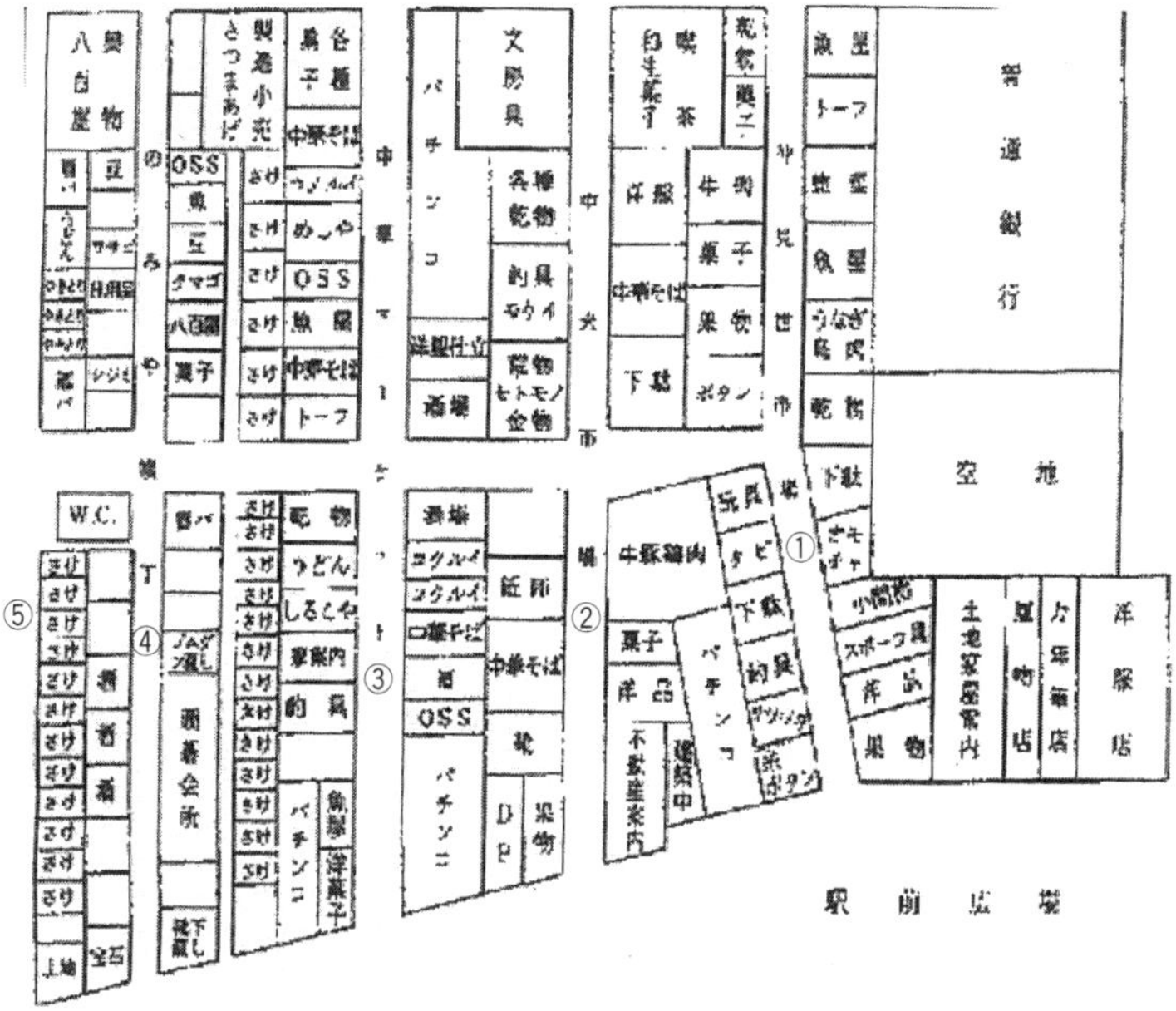

1953年頃のハモニカ横丁(「武蔵野市史」中巻より)
①仲見世市場⇨仲見世通り
②中央市場⇨中央通り
③中華マーケット⇨朝日通り
④のみや横丁⇨祥和会通り
⑤ツバメ通り⇨武蔵通り

ディテイルを読み取り、それにとりつかれ、街を意識していくことに他ならない。しかし、大きなショッピングプロムナードでは街のディテイルは見えてこない。それはすでに排除されている。

かつて吉祥寺にジャズ喫茶やジャズライブハウスを幾店もつくり、伝説の人となった野口伊織氏のことを「吉祥寺を町から街に変えた男」と評価した人がいた。これは当たっている。それを都市論的にいいかえるならば、野口氏はジャズ喫茶という都市のディテイルを人々に読ませることによって、吉祥寺という街を見えるものにしていった、と言えるだろう。

▼都市のディテイルを蓄えた場所

さて、ハモニカ横丁はそういう意味でいえば都市のディテイルをたくさん蓄えた場所と捉えることができるだろう。

縦に走る四つの筋は路地になっていて、それぞれが「平和通り」と「ダイヤ街」というモダンなショッピングプロムナードとにつながっている。〝チューブ〟が四本、表通りとの間にぶらさがっているようだ。この四本の筋を横断する路地が一本通っていて、〝チューブ〟の間を行き来できるようになっている。路地はそれによって迷路性を獲得し、路地に紛れこんだ私たちはあっちに行ったりこっちにきたりして、その迷宮都市と戯れる。

一・五メートルから二メートル位の幅しかないその路地は、大通りでは失った人間的スケール感を取り戻してくれる。〝チューブ〟の中を遊歩している私たちは、そこに自分の居場所をやっと見つけ、自分の存在を確認してホッとする。

またこの〃チューブ〃は、その奥に何が潜んでいるのだろうといった好奇心を駆り立てる秘密性を帯びた空間でもある。地下的な雰囲気を持っている。かつての闇市は闇取引の場であったが、文字通り〃闇〃が用意されているような緊張感も持たされる。だから私たちはこの〃チューブ〃に魅了されてしまうのだ。

この〃チューブ〃の中に凹凸を作り出している小規模な店舗の個性むきだしの姿にも、私たちは引き付けられていく。ここでは大通りの大型店舗と違って、主人と客が肌が触れあわんばかりに対応する。目の前で炙られたり、煮たりされたものを目の前で食べる。路地空間特有の商い風景である。表の通りはどんどん未来社会に向かっているのに、ここでは過去を振り返って見せる。しかし振り返りながら今を、そして街を読んでいく。

一九八二年公開の、リドリー・スコット監督の『ブレードランナー』の中で日本の屋台空間が出てくる。退廃的になりつつあった近未来都市の中をさまよう主人公（ハリソン・フォード）が、日本人の主人がいる屋台で海老天丼とうどんを注文する。その主人は日本語で注文をとっている。超高層ビルが建ち並び、宇宙都市への移住を進める広告飛行船がその中を行き交っている。

この屋台場面は、リドリー・スコットが新宿歌舞伎町を訪れた時にヒントを得たものだという。リドリー・スコットは、この屋台を近未来都市のカオスを強調するために導入したのだろうが、同時に人間の温もりを体感することのできる屋台における人間同士のやりとりが、近未来になればな

ハモニカ横丁の入り口にあった
「越後屋ボタン店」、1983年撮影
現在は「ポヨ」がある
「鈴木育夫写真作品集」より

るほど求められるということを伝えたかったのだろう。リドリー・スコット監督ばかりでなく多くの感性豊かな欧米のアーティストたちが、新宿歌舞伎町に異常なほどの関心を抱くのはそのような理由にもよる。

私たちはハモニカ横丁を横切りながら、あの『ブレードランナー』の名場面を思い出し、「いらっしゃい、いらっしゃい」と呼んでいるあのおやじさんの声がすぐそこから聞こえてきそうな気になってくる。

4　大通りと横丁の結び目で行列ができる

大通りに顔を出しながらもともと横丁の一角にできた店なので、規模、建物が横丁風情のまま営業している店が吉祥寺にはいくつかあるが、ハモニカ横丁にその典型を見ることができる。平和通り沿いでは手塚一郎氏が経営する「ポヨ」や天津甘栗の店、焼き小龍包の店、それと前述した「モルガン宝飾店」などがそれである。

一方ダイヤ街に面した所では、これも手塚氏が最近開設したビアホール「ミュンヘン」、着物の「たんす屋」、おでん種で有名な「塚田水産店」などがあるが、なんといっても「小ざさ」と精肉店「さとう」が超繁盛店として有名だ。

この二つの名店は終戦直後に闇市の中心で営業していた人から借地権を買い取ったものだから規模、建物は基本的には昔と変わっていない。「小ざさ」はナイロン靴下の修繕を商売していた人から、精肉店「さとう」は青果店からそれぞれ借地権を買っている。

「小ざさ」は一五〇本限定の羊羹のためにできる深夜の行列で有名だし、「さとう精肉店」はメンチカツを目指して並ぶ長蛇の列で有名だ。行列はダイヤ街を行き来する人々を横断するかたちで並ぶ。それはあたかも横丁が大通りに逆らって、手作りの良質なものを求める客に「本物はこっちだからおいでおいで」と手招きしているようにも見える。だから私たちは、大通りと横丁の結び目に釘付けにされていく。

▼「小ざさ」は「羊羹物語」を売っている

「小ざさ」の羊羹は吉祥寺を象徴する食品である。というよりも作り手の本物へのこだわりとそれを執念を持って買い求める客とが作り出す、食を通した吉祥寺文化そのものと言える。

一本五八〇円の羊羹は妥協のない手作りものなので、一日一五〇本しか製造できない。一人五本まで、というお客側から提案された決まりごとが昔から続いていて、この羊羹を買えるのは一日三十人が限度。だから行列ができる。昭和四十四年頃から始まった現象なのだ。先を競う客は店が開店する前に並ぶ。やがて三十人を超えるようになると並んでいても買えない人が出てくる。そこで、羊羹引換券を出してもれなく渡せるようにしたが、並ぶ順番を競いあう客はどんどん時間を早めていった。深夜から並ぶようになると、開店まで待たせるわけにはいかないと考えた。店側も引換券を渡す時間を早めていかざるをえなくなった。

今でもお客は深夜の三時頃には並んでいる。引換券を渡すのは八時半頃である。昼間この街にやって来た人にはこの光景は見えない。しかし、吉祥寺に来街する人の多くはその事実を知っている。

だからたとえ羊羹を手にできなくても、しつこくないマイルドな甘さにこだわったもなか（一個五四円）を〝「小ざさ」の旨さ〟としてお客は買っていく。あんは大納言小豆と白豆の二種類あるが、普通の日で一日一万個も売れる。もなかの豆は大きな釜で炊くのと、練りの工程も少し違うので、羊羹よりも大量に生産できる。

羊羹は一日一五〇本しか製造できないという事実には、信じられないほどの作り手のこだわりがある。それは稲垣篤子現社長が父親から受け継いできたこだわりだ。

三升以上炊くと自分の求める味を作れないと判断した父親は、まずその三升にこだわった。三升一釜炊き上げるのに一時間四、五十分かかる。それを三釜炊き上げていくと十時間半かかることになる。神経を研ぎ澄ませて炊き上げるので、三釜を同時に炊くという方法は絶対避けられた。その三釜でできる羊羹が一五〇本というわけだ。炊き上げる三升の小豆は、前の晩に洗っておいた北海道産のものを使う。特別に仕入れたものだ。

「小ざさ」羊羹の旨さの秘密は、実は炊き上がった後の工程にある。小豆の皮を取り除いて幾度も水にさらし、上澄みを捨て、袋に入れて絞る。そうやってできたものを「呉」という。次は砂糖と寒天を混ぜて煮詰めておいたものを銅鍋に移し、さらに煮詰めてから「呉」を入れる。それからが職人のこだわりが最も発揮されていく練りの作業が行なわれる（十分から十五分）。

稲垣さんは父親の伊神照男さんからこの練りの作業をまかされた時、具体的な言葉では何一つ教えてもらっていない。父や叔父の作業をじっと観察し、自分で研究を続けてきた。練習に練習を重ねた。

「小豆の風味を最大限に引きだし、美味しい羊羹を作るコツは『焦げる寸前で焦がさない』こと」(稲垣篤子『一坪の奇跡』ダイヤモンド社)。「私が長年の経験の中で体得したのはヘラと銅鍋の中で動かすときに『半紙(薄紙)一枚分の厚さ』を残すことでした」(同著)。「鍋底に触れないスレスレのところでヘラで押していく。すると、鍋底にうっすらと餡が残った状態で、鍋底が薄く透けて見える。その状態がちょうどいいのです」(同著)。「ヘラを通じて感じる指先への感触、小豆の風味やほんのわずかな焦げをかぎ分ける嗅覚。そして耳では『火加減』を微妙に聞き分けます」(同著)。この炭の火加減は「一番いいのはシュッという澄んだ音で、練りながらこの音が聞こえてくると、とてもいい状態で羊羹を練れていることがわかります」(同著)。「炭火にかけた銅鍋で羊羹を練っているときに、ほんの一瞬、餡が紫色に輝くのです。透明感のある、それは美しい輝きで、小豆の『声』のようにも感じられます」(同著)。

その紫色の輝きがとらえられたのは、羊羹を練り始めて十年くらい経った頃だと稲垣さんは感慨深げに振り返る。

これは五感を総動員しての格闘である。父親を納得させるものを作るという思いは、同時に自分の行為をというより、おのれの存在を納得させる芸術家の創作活動に似た彼女ならではの格闘といっていい。

その彼女の創作意欲を掻き立てる父親のヒントの出し方が、また芸術家の師匠のような強烈なものだった。対角線の中心を探せ、四つの交点をつかまえろ、というのがそれ。ポクポクの芋羊羹、ネチネチの普通の羊羹、プリプリの錦玉羹、口の中でスーッと溶ける水羊羹。この四つの交点をつかまえろと、彼女に最も重要で困難な課題を出している。それに全身全霊を傾けて取り組んだ彼女の味への探究心は、今どきテレビに出てくるカリスマシェフの比ではない。

父親と彼女とは毎朝食後、その日できた味見をやった。三十年間も続いた朝の儀式。父親は毎回一言だけ問題点を指摘してくれた。それは的を射たものだった。九一年の大晦日、父親が他界する前日の最後の〝儀式〟で、彼女の羊羹は父親の納得いくものになり認められた。

五感を研ぎ澄ませ、全身全霊を傾けて作るこの羊羹。それに深夜から並ぶ価値を見出すお客。そこには今の日本では失われてしまった何かがある。羊羹の旨さを超えた何かがある、と考えざるを得なくなる。文化に支えられた商人道である。と言えば簡単だが、稲垣篤子さんとその父伊神照男さんの生き様を追っておかないとなかなか理解しえないところである。

▼「小ざさ」前史

「小ざさ」の創始者伊神照男氏は早大政経学部卒だ。在学中から政治や経済に関心が高かった。いったんは電気関係の会社に就職するのだが三カ月でやめ、さまざまな商売に挑戦。先輩の選挙の応援に行っていた時に知り合った新宿中村屋の営業マンにも進められ、和菓子「ナルミ屋」を吉祥寺

「小ざさ」の行列

に開店した。戦前の一九三一（昭和六）年のことだった。

お菓子作りは中村屋の職長を務めていた荒井公平さんという方から指導してもらい、やがて十人もの従業員をかかえる立派な和菓子店に成長する。

伊神氏は、暇を見つけては近くの喫茶店「ナナン」に通い、そこに集うインテリたちと談話のひとときを楽しんでいた。仕事ではより良いものを作ろうと神経をとがらせるのだが、その人間の深奥にはいつも文化的素養が蓄えられていた。そんな生き方がそのまま娘の稲垣篤子さんにも受け継がれていく。

篤子さんは「ナルミ屋」開設の翌年に吉祥寺で生まれている。子どもの頃ハモニカ横丁あたりはまだ原っぱで、近所の子どもたちと蝶々を採ったりトンボを採ったりして遊んでいたという。

仕事を職人にまかせて満州に渡った父親は、一九四四（昭和十九）年、店も工場も売り払って家族を福岡県久留米市に疎開させた。やがて終戦。満州から引き上げた父親は久留米にいったん留まるが、五〇年には吉祥寺に戻って菓子業を始めた。

「ミヨン」という高級キャラメルを製造し始め、高級な贈答品を扱う店に卸した。それは成功した。が、やがて大手製菓会社がこのキャラメルに目をつけ販売し始めてから、売り上げは落ちていった。彼はそこで再び和菓子店を持つことを決意する。

物件が見つからなかった。やっと畳一畳分の市の所有地を借りることができた。「ダイヤ街」の東急百貨店側出口の左側にある現在の三井住友銀行の一角であった。あまりにも狭い屋台空間なので、商品はこし餡の団子（一本一〇円）のみに絞った。隠し味に桜を練り込んだ大ぶりのこの団子は大好評だった。

なんとその販売を任されたのが、高校を出たての娘の篤子さん一人だった。店名の「小ざさ」は彼女と母親の母校の校友会誌の名前「小ざさ」からとった。畳一畳の屋台で彼女は、朝の八時から夜の八時まで立ちっぱなしで団子を売っていた。

屋台であるから組み立て式。現在の東急百貨店の場所の一角にあった花屋さんに置かせてもらった材料を現場まで運び込み、組み立てる。それも彼女一人だけの仕事。閉店後それを解体し元に戻すのもそうだ。

外見は屋台でしかないが、一軒の店を始めるのだから、気持ちは高く持たなければいけない、という父親は、たった間口一間、奥行き半間の小宇宙に和菓子店の誇りを追求した。およそ屋台らしからぬ角がアール状になったガラスケースを店頭に置いた。背後と右側の壁には、一〇センチの厚みを持たせた長さ一間半の縄のれんがかかっていて、和菓子店らしい壁面を作り出していた。

彼女はわずかな隙間に濃紺のスーツ姿で立った。誇り高くという意味で父親が指示したことだ。高校出たての若い女性。卒業した高校が近かったこともあって、後輩たちや友人たちがよく通るそんな場所で、屋台の中に立っているのだから辛いなんていうものではなかったろう。ある雪の日、終わって家に戻り泣き出してしまったが、「家のない人たちもいるんだ。泣くもんじゃない」と父親にいましめられ、一家十六人の生活がその店の売り上げにかかっていることを自覚して涙をしっかり封印した。終戦直後の女性たちは、家族のため、人のために己を犠牲にすることは当たり前、という倫理観があった。だから現在からでは信じられないような辛いことでも平気でやってのけた。

この屋台の「小ささ」は五一（昭和二十六）年秋の創業だが、大好評のうちにその近くに移転することになった。五四年のことだ。それが現在の店である。闇市跡の小さな店だけど、きちんとした建物の店を構えることができたわけだ。この店では団子はやめ、羊羹ともなかの二つだけの品揃えにした。

「なぜ団子をやめたのか」と常連に文句を言われ続けたが、父親は耳を貸さなかった。おそらくこの二つの商品を極めていくだけでも大変な集中力と労力が必要になると思っていたからだろう。

店の業績は順調だった。人も雇う余裕が出たところで彼女は突然自分の夢を追求し始めた。それはカメラマンになること。

▼「行列ができる羊羹」……まで

走りだしたら止まらない。開業した五四年の年に二年制の東京写真短期大学（現在の東京工芸大学）に入学。夜番の午後四時までには店に戻って働くという約束のもとだった。在学中だった五六年には砂川闘争の現場で撮影。土門拳の隣でリアリティのあるアングルでシャッターを押した。雑誌「日本カメラ」編集者の目にとまり、撮影の仕事が少しずつ入り始めた。一九六〇年の安保闘争では六月十五日学生が国会に突入した瞬間を撮影した。

カメラマンとしての仕事が増えていくと、父親はおもしろくなかったようだ。六二年に結婚。しかしカメラマンの仕事は続けていった。

そんなある日、父親と口論。「お前に何ができる」と父親に言われ「じゃ、やってやる」といった売り言葉に買い言葉の口げんかで、製造の現場「釜場」に入ることになってしまった。「父より美味しい羊羹を作ってみせる」と決意。そうと決めたら全てを捨ててしまうのが彼女の性格。せっかくプロとしてやり始めたカメラマンの仕事もやめてしまった。

「自分は一生『小ざさ』の仕事をするんだ」と決断した瞬間から「釜場」での格闘が始まっていった。今度は小豆を炊いたり、練ったりするなかで彼女の美意識は追求されていく。練りの過程で一瞬餡が、紫色に輝く時をとらえる視覚の鋭さや、炭の火加減を、練りながら「シュッ」という澄んだ音で判断するという鋭敏な聴感などは、職人というよりもアーティストに近い。ものを作るとき、己の行為を感性のところで捉えていく人なのだ。

稲垣篤子さんは小さい頃から本を読むのが好きだった。学生の頃も、そして大人になって「小ささ」の仕事を手伝うようになっても読書は欠かさなかった。それがどんな辛い時でも耐える精神性を作ってきたのだろう。またそれによって培われた感性が、カメラにも羊羹作りにも活かされていくことになったのだろう。そんな精神性があの「小ざさ」の羊羹に閉じ込められている。

▼メンチカツでとんでもない行列、精肉店「さとう」

ハモニカ横丁の最も西側、ダイヤ街と交差した角の精肉店「さとう」はメンチカツの行列で有名だ。テレビや雑誌でも何度も取り上げられ、全国的に知れ渡った店になった。

メディアに取り上げられるようになったのは九〇年代後半あたりから。二十年以上、ずっとその状態が変わらないのだから、一過性の話題商品ではないことは明らかだ。

行列はダイヤ街の通りは空けて、その先から列が作られる。今日は大して並んでいないと思って店の前の列に並ぶと注意される。はっと振り返るとダイヤ街を隔てた向こうから北のほうに向かって長い列ができている。それが、メンチカツが売り切れる夕方まで続いている。

社長の佐藤健一さんは、この行列によって作り出されるクレームにいつも頭を悩まされている。

メディアから取材を受ける際には、商店街にお伺いをたてなければならない。タレントが一緒だとダメという注文もつけられる。商店街の通行人の邪魔になるというよりも、他の店に迷惑がかかるということらしい。超繁盛店ならではの悩みといえる。

この人気のメンチカツ。一個一八〇円だが五個以上買うと一個一四〇円になる。せっかく長い時間をかけて並んだ人ばかりなので、どの客も持ちきれないほど大量に買っていく。だから一日約三〇〇〇個は夕方には売り切れてしまうわけである。このメンチカツはボール状。しかもテニスボールほどの大きさである。中身は松坂牛がぎっしり詰まり、甘みを伴った旨味がそのジューシーさも加わって口の中に広がり、「並んだ甲斐があった」とお客を感動させる。

▼名物メンチカツ誕生秘話

精肉店「さとう」がここで店を構えたのは一九七三年。店主の佐藤健一さんが二十四歳のときだった。たった三坪の店から出発している。青果店が持っていた売り場のうち三坪だけを三〇万円で借り、営業を始めた。

終戦直後の一九四七年からすでに赤羽店で開業していて、評判が良かったコロッケやメンチカツなどの惣菜をここでも持ち込んでいった。味はフレンチのコックだった父親のレシピだった。

オープン当時、思い切った安売りを仕掛け、知名度を一挙に高めようとした。豚一頭そっくり一〇〇グラム一〇〇円というセールを仕掛け、大変な話題を呼んだ。しかし、同業者からは相当恨ま

精肉店「さとう」への行列

れた。組合にも入れてもらえなかった。当時精肉の問屋もやっていたヤキトリの「いせや」（190頁参照）の初代が、仲に立ってくれてその混乱は収まった。

開業二年後、青果店の主から「自分の店を含めた借地権を売りたい」という申し入れがあった。合計すると八坪になったその店を買い取った。その際、二階にはステーキハウスを設けた。佐藤健一氏は、この店に来るまでステーキハウスで全国的にその名を知られた神戸の「みその」で修業を積んでいた。その腕を振るう場所を造ったわけだ。

父親も健一氏も、レストランで磨いた腕を精肉店やステーキハウスで発揮したものだから、吉祥寺の味にうるさい人たちに受けた。

現在のボール状のメンチカツが開発されたのはバブル崩壊の直後。その開発にはある秘話が隠されている。

この店には母親の弟で佐藤健一氏のおじに当たる人物がいた。彼は包丁一本で全国を渡り歩く、放浪癖のある調理人だった。しかし腕は良かった。ただ元来、金銭感覚にも問題があって、店の売上を持ち逃げして姿をくらますことがざらにあった。

三坪の店のときも、三カ月ぐらいして、売上をもって消えてしまった。数カ月して何事もなかったように舞い戻ってきた。〝フーテンの寅さん〟のような人だった。そんな叔父がこの商品開発に偶然かかわった。

メンチカツは、普通はひき肉と玉ねぎによって作られたものを上下からたたき、平らにし、小判状に成形していくものだ。何を思ったのかこの叔父は、成形せずに丸いままフライヤーの中に落としていった。横着を決め込もうとしたのかもしれない。

それをそのまま商品として出してしまったということが不思議なのだが、この叔父を周囲が信頼していたのか、逆に怖がっていたのかはわからない。この商品にはすぐにクレームが殺到した。中まで火が通っていない。味にムラがあるというものだった。

しかしそのやり方をすぐ取りやめなかったことが、この店の面白いところだ。従業員達がそのボール状のメンチカツに興味を抱いて研究を重ねていった。どうしたら均一に火が通るか、味のムラをどうするか、日夜試行錯誤を重ね、それが今のメンチカツ誕生につながっているのである。

こんな発想は〝フーテンの寅さん〟のような自由人からしか出てこない。従業員もそんな叔父の生き方を愛していたのかもしれない。そうでなければこれを商品にしてみようという試みはなされなかっただろう。

ちなみに名物メンチカツの発案者の叔父は、練炭を使った新しい火力の開発に取組み始めた。周囲が注意したにもかかわらず、その研究中一酸化炭素中毒で他界してしまった。彼らしい最期だが、この人が生きていたら惣菜の新しい商品がもっと開発されていたかもしれない。


この店の二階にあるステーキハウスは一階の精肉店ほどの話題にはならないが、常連客がしっかりついている名店である。

健一社長が「みその」で修業してきただけあって、価格の割にはレベルが高い。カウンターとテーブル席のこぢんまりとした店だが、目の前の鉄板で焼いてくれるのでシズル感満点だ。

下の生肉店で仕入れた松坂牛を使うので、それだけ仕入れ値が下げられる。レストランだからといって付加価値をさほどつけるつもりはない。だからお値打ち感が出る。サイコロステーキセットが二一〇〇円、黒毛和牛おまかせコースが五二五〇円は他のステーキハウスと比べて断然安い。

▼山積みされたおでん種に吸い寄せられる「塚田水産食品」

精肉店「さとう」の路地を挟んだ隣にある「塚田水産食品」は、大きくダイヤ街に向かって掲げられた黄色の看板が目印。陳列台の中には練り物、おでん種などが三十五種類ほど山積みされている。揚げたてのものが目の前に山盛りおかれると、つい手を出したくなるのがお客の心理だろう。だから主婦達が陳列台の前に群がって品定めをしている。

おでん種の需要が減る夏場の対策からなのだろうか、浜名湖産のうなぎの蒲焼までも売られている。また、昔は置かれていなかった惣菜も、お客のニーズに合わせて積極的に売るようになった。練り物の中で一番人気は十個四五〇円の揚げボール。黒胡椒や細わかめを使ったりして工夫したもので、冬だと一日で三〇〇〇個以上も売れるようだ。

武蔵境に工場を持っているが、大体のものは店の奥で調理する。ガラス越しに作業している状況が見えるので、お客は安心してその作りたての商品を手にしていく。白い三角巾をかぶったおばさん達が調理場に入ったり店に出たりしてせっせと働いている姿もこの店の鮮度を表わしているようで気持ち良い。

創業六十一年の歴史を持つ。ハモニカ横丁がテキヤなどの手から離れ、しっかりした小売店、飲食店が根づき始めた頃と一致する。この店もハモニカ横丁の西側、「祥和会」に属している。〝横丁が表に顔を出している〟店の一つだ。

店頭に立つ塚田亮（あきら）さんは三代目。本物の老舗がどんどん消えてしまう中、消費者のニーズの変化を敏感に捉えながら、これをどのように発展させるか、大変大きな役割を担わされているようだ。

▼乾物の「土屋商店」が提案する家庭の味

ハモニカ横丁には属していないが、精肉店「さとう」の斜め前で横丁からダイヤ街に向かって顔を出しているのが、乾物の「土屋商店」だ。流行に惑わされず、頑固に日本の味を提案し続ける老舗中の老舗で、吉祥寺にとってても貴重な存在だ。

お店の雰囲気も昔から変わらないので、周りがモダンになればなるほど、その存在感が浮き彫りにされていく。昆布、かつお節、煮干など、出汁を作るための材料や、黒豆、赤えんどう豆、大豆などの煮豆に使う材料などが店頭いっぱいに置かれ、それらには産地が細かく記されている。専門店ならではの品揃えである。

ここに来るお客は出汁や豆類もしっかり家で作る人が多い。決してインスタントな出汁を使ったりはしない。手間はかけても家庭の味を自分で作り出すというスローフードなライフスタイルをとる人達がこの店を支えている。吉祥寺の後背地には全国一、二を競う富裕層がいる。吉祥寺の老舗を見ていると、この層の多くがスローフードなライフスタイルをとっていることがわかる。インテリジェンスがあるのである。

いつも店頭に立っているご主人、小林昭仁さんは八十一歳だが年齢を感じさせない。かつて野球で鍛えた強靭な肉体を持っているからなのだろう。長野の松本商業高校時代、戦前最後の甲子園（四十一年）にも出場した経験を持つご主人は、五五年から七九年までの二十四年間、大学野球の

塚田水産

乾物の「土屋商店」

監督を務めている。東都大学野球の駒沢、専修大の強豪二校で指揮をとって両校を幾度も優勝に導いた。今ではたまにゴルフに行くくらいだが、やはり基礎体力は衰えていないのだろう。

乾物は全国から集められる。品質の良い悪いはどうしても長い付き合いのある問屋さんの判断に頼らなければならない。相手との信頼関係が欠かせないというご主人の商売哲学は、野球の監督のそれと関連するものがあるのだろう。夏の陽射しの強い日には間口の広い店先には日除けの反射シートが張られ、商品は隠れてしまう。閉店しているのかと思うほど。しかし、そんな状態でも常連達はやって来る。お客とお店との信頼関係がしっかりしているからだ。

▼ハモニカ横丁で生パスタ、行列ができる「スパ吉」

ハモニカ横丁の中に八年前に開業した生パスタの店「スパ吉」は、いつも若い女性客のウエイティングができていて活気がある。十三坪という規模もハモニカ横丁の中では大きい。路地に面して生パスタを作っている状態が見える。

湯気が立ち上がった丸いそば釜の中に、作りたての生麺がバサッと投げ入れられる。若い従業員達が威勢良くそれを繰り返している。エキサイティングな光景だ。料理もチェーン店にはない手作り感のあるレベルの高いものばかりだ。その中でもミートソースが抜群に旨い。

店主の平田潤氏は高卒後、当時のスパゲティ専門店として有名だった「はしや」に入社して、その道の修業に入っている。代々木八幡から出発した「はしや」は、乾麺だったが茹で上げのパスタは旨かった。和風食材のトッピングもメニューに採り入れてあって、「はしや」にはいつも行列が作られた。新宿や立川にも支店を持つようになった。平田氏はその立川店に入って十二年間勤めあげた。

三十歳の時に独立。店舗を持てる資金がなかった彼は、車で生パスタを製造販売することを考えた。ねらいをつけたのが西東京の昭和記念公園内だった。初めは簡単に断られた。ねばりにねばってイベントの時に営業を許可してもらった。彼の人柄もあったのだろう。徐々に許可の範囲は広がり、夏のプールのシーズン、ゴールデンウィーク、秋のもみじ狩りのシーズンなど、この公園に多くの人が集まるピーク時には二台の車を使い二、三人の従業員でフル回転していった。

しかし、競合店が増えたこと、イベント性が高いので冬や梅雨の時などは休まざるをえないということなどを考え、蓄積した資本で店舗を構えることを決意した。パスタ好きの若い女性が集まる街として吉祥寺に出店場所を考えた。

ハモニカ横丁内のこの場所は、先述した「ワンちゃんのケーキ屋さん」の高橋敦子さんの父が淡水魚の店を持っていた所だ。客の目の前で作りあげ、茹であげるというライブ感豊かな演出は、車でイベント広場で営業した時に身につけたもの。それは店に活気をもたらした。

最初の半年は満席はなかったが、毎年一〇%以上の伸び率を続け、今のような繁盛店になることができた。チェーン店っぽさが主流のこのパスタ業界。「不完全なものを人間の力でバランスを取る。そんな個人店っぽい店に徹したい」と決意している。バックボーンにこんなしっかりした哲学が存在している。

この店のミートソーススパゲティがダントツだったことから、このミートソースだけの店を阿佐ヶ谷南口、パールセンター商店街のはずれに出した。試作に時間をかけた。ミートソースの店ができるという告知だけが貼りだされ、いつまでもオープンしない。その内にブロガー達が騒ぎ出した。地元の人達も興味を持った。だからオープンしてすぐこの店は大盛況になっていった。

平田氏はお客の心理を見抜いていくのもうまい。「陳さんのマーボードーフの店」にヒントを得たようだが、やはり商品力がしっかりしていないとそうはいかない。また「個人店っぽさ」を作る姿勢がないとこれもまただめだ。これに刺激されてスパゲティの単品メニューでチェーン化しようとしているところが出始めているが、バックボーンがしっかりしていないと失敗してしまう。

第2章

中心市街地は横丁をつくりだした

記憶の中の吉祥寺「駅前通り(現在サンロード)」を望む
1966年撮影。「鈴木育夫写真作品集」より

1　それは吉祥寺の再開発から始まった

一九五〇年代後半から六〇年代にかけて武蔵野市の人口は倍増し、吉祥寺駅の乗降客も倍近くにふくれあがった。吉祥寺の商店街も高度経済成長の追い風を受けて大いに賑わった。しかし市場の膨張によって駅前の混乱は増し、中心商店街の交通渋滞は激しさを増し、バスの運行は困難におちいり（当時のサンロードはバスが走っていた）、買物は危険を伴うようになっていた。当然商店街の売上鈍化の兆しが見られるようになった。吉祥寺の都市再開発構想は、このような交通機能、商業機能の行き詰まりの中から持ち上がっていった。

▼六〇年代の駅周辺都市計画

都市計画は一九六二年から始まった。最初に出された計画は通称「高山（案）」と言われ、東大工学部の高山英華教授に計画を委託したものだった。この「吉祥寺駅前地区改造計画（案）」はスーパーブロック方式をとるプランで、八〇メートル角ほどのブロック（街区）を単位として、それをいくつかにまとめて街づくりするというもの。この案は「商店街を分断するものだ」という地元商業者の猛反対を受けて、採用されなかった。

六五年には当時の後藤市長のマスタープランが提出された。当該商店街の発展も配慮したものだったが、そのプランでも「商店街が分断される可能性がある」という商業者の反対にあい、翌六六年に修正案。路面商店街を活かし、なおかつ交通機能、商業機能の回復をはかるというその修正案で、事業決定がなされた。

第一のポイントは、街路事業としてA道路（五日市街道から井の頭通りまで南北に貫通する二二メートル道路——現在の「ヨドバシ」の前の通り）、B道路（現在FFビルの北側で、公園通りとA道路を結ぶ一六メートル道路）を造成し、車を迂回させて路面商店街から車を締め出し、安心して買物ができるプロムナードプラン。

第二のポイントは、都市計画に該当する商店を収容するための公社ビル（FFビル）の建設。該当者の換地が商業的な価値を持たなくてはならないという観点から、伊勢丹を誘致するというプラン。

第三のポイントは区画街路整備事業による街区形態の整備のプラン。特に市道一八九号線（現在「元町通り商店街」）は、東急百貨店進出の呼び水になっていった。

商業者は必死だった。商店街再開発という角度から都市計画に積極的に関与した。彼らは全国を視察して、建築家主導の都市計画の弱点を見抜いていた。だから必死に吉祥寺を血の通った街にし

実行された計画案、「A道路」「B道路」「駅前広場」などの文字が読める

ようとした。

「百貨店、スーパー、専門店が有機的に結合した理想的な街づくり」はそうやって進められていった。六九年駅ビルの「ロンロン」（今の「アトレ」）に、南の核として地元は協力し（市商工会議所も資本参加）、七一年にはFFビルに伊勢丹を誘致して北の核に据え、七四年には東の核に近鉄百貨店、西の核に東急百貨店を置き、それらの間の商店街をアーケードなどを設けて専門店ゾーンにした。そうやってアメリカの巨大ショッピングセンターに似た回遊性のある商業ゾーンが誕生した。

▼再開発に商人魂を注入した山崎喜七氏

六〇年代後半から七〇年代に行なわれたこの吉祥寺再開発の立役者は、誰に聞いても山崎喜七氏だという。事実そうなのだ。高級食材スーパーで有名な「三浦屋」の社長でありながら地域の活性化に心血を注いだ人だ。

六四年から六九年まで駅前通り（現サンロード）商店会振興組合理事長として、七〇年からは協同組合武蔵野専門店会理事長、吉祥寺北口防災建築街区第一協同組合理事長として、そして七四年にはサンロードと東急百貨店の間を結ぶ新しい商店街、元町通り商店街振興組合理事長、武蔵野商工会議所副会頭として、七六年には武蔵野市商店会連合会会長として街のために尽くしてきた。その結果実現されたのが、回遊性のある街づくりであった。

しかもその間も「三浦屋」の経営は二人の弟に任せ、自分は学校給食業界の発展にも力を注いでいった。六二年頃から業務用食材の流通の合理化、近代化の必要性を訴え、合理的な流通チャンネルづくりに動き始める。賛同して十八社で立ち上げた「関東給食会」が正式に発足したのが、駅前通り商店会振興組合理事長になった六四年である。その会長になった山崎喜七氏は会を全国的な規模にまで拡大して、共同購入事業など流通機構の変革にたち向かっていった。「全国給食物資販売協同組合連合会」という全国組織ができたのが七八年。そこでも会長になって全国の給食業者のために腕を振るっていく。

また急成長する外食産業への対応が立ち遅れているという危機意識から、外食用食材流通業の合理化、近代化を訴え、日本外食品卸協会の設立、法人化に尽力した。そこでも副会長に就任している。七九年のことである。街の再開発事業の中心人物として超多忙な人なのに、給食業者のために全国を飛び回り、流通機構改革の使命感を持って懸命に取り組んでいった。

人のため地域のためといっても、そこまで体も精神も酷使してはたまらない。五十二歳の時、心筋梗塞で倒れてしまう。死の宣告まで受ける状態だった。透析が始まった。一日おきに阿佐ヶ谷の河北病院に通った。透析は七、八時間もかかった。水ものはお茶碗に一杯、塩分、糖分もだめ、果物もだめという状態だったが、家族には痛いとか辛いという言葉は一切はかなかった。

闘病生活の間も、街づくりのこと、給食業界のことをいつも気にかけていた。現役を貫こうとしてきた。しかし、十三年間の闘病生活の末、六十五歳で息を引き取った。葬儀は五日市街道に近い月窓寺で執り行なわれたが、三千人超の参列者で、その列は吉祥寺駅から月窓寺まで続いていたといわれる。

小説や映画にも出てきそうもない、人のために街のために己を犠牲にしてきたこの人の日常の顔はどんなものだったのだろう。

▼「三浦屋」と吉祥寺

喜七氏の長男で、三浦屋の役員をやっている山崎喜哲《よしのり》氏が語ってくれた。明治の気風を持っていた人で、父には敬語を使って接していた。いつも仕事で外に出ていて、寝ている姿を見たこともなかった。家族旅行は二回しか行った記憶がない。一人旅と釣りが趣味で酒も飲まなければ麻雀もやらなかった。家にいる時は新聞の切り抜きを黙々とやっていた。相撲が好きで場所になると夢中でテレビを観ていた。「男の勝負は二人でやるものだ」が口癖で相撲のような勝負を愛していたようだ。

社会的にも高いレベルにいた人だが、時間ができるとよく「三浦屋」の横でダンボール箱を整理していた。これは私も幾度か目撃した事実である。清掃のおじさんとよく間違われたという。銀行にも前掛けと長靴で出かけて行ったこともあったという。

山崎喜哲氏の話は続く。喜七氏の父山崎阿久里氏が「三浦屋」の創業者だった。丁稚奉公先の新宿追分の煮豆製造業の「三浦屋」から屋号を譲り受け、吉祥寺の五日市街道寄りに店を構えた。これが「三浦屋」の始まりである。

商売は順調だったが、喜七氏がまだ十六歳の時に父親が他界。長男であった彼はこの店を継承することになるのだが、一九四四（昭和十九）年三月、私立京王商業を卒業するまでは学業と生業をかけもちでやらざるをえなかった。彼が十七歳の時であった。

自分は高卒だが、弟達は大学を出さなければと、父親代わりになって彼らの生活を支えた。やがて大学を出た次男と三男は、次男は営業、三男は経理を担当して「青山の紀ノ国屋か吉祥寺の三浦屋か」と言われたその「三浦屋」を支えていった。

喜七氏の社会的な活動を知らない人達は、三浦屋のことは「何もやっていない」と言う人もいたが、三人の兄弟はその使命を認めあっていた。しかし、その次男も三男も他界してしまう。

後を継ぐのが六男の哲保氏しかいなくなった時、「三浦屋」が入居していた共同ビル「ファミリープラザ」の売却の話が持ちあがる。一九七〇年に建てられ街のシンボルになったこのビルも老朽化が進んでいたこと、後継者が弱いのでは、ということが理由だった。結局二百七十億円でチヨダ靴店に買われた。

「三浦屋」が二〇〇九年に閉店した時は、吉祥寺の人達は驚いた。というより悲しんだ。伊勢丹が抜け、三浦屋が抜けるということは何なのだろう。いやな変化が吉祥寺で進んでいるのではないか。そう思った人も多かった。

幸い、二〇一〇年十月、伊勢丹後のショッピングモール「コピス」の地階に「三浦屋」は帰ってきた。吉祥寺商店街と三浦屋の結びつきの強さを、経営陣が改めて思い知らされたのかも知れない。

▼横丁が生み出される

中心となる商店街が整備されていくとエンターテインメントの大部分は脇に押しやられていく。せいぜい喫茶店やファーストフード店が買い物客の休憩場所として残されていくくらいだ。

エンターテインメントの部分は、その商店街に沿った裏通りをつくりだしていく場合もあれば、商店街から横にそれた脇道につくられていく場合もある。この裏通りもさらに一本奥に次の裏通りを用意していく場合もある。だんだんアンダーワールドの入口に近づいていくわけである。そうやって街は二重、三重の構造になり、街の魅力をつくり出す。

たとえばJR中野駅北口、駅前から早稲田通りにいたる商業ゾーンは典型的に三重構造を示している。北口正面にサブナードというブロードウエイにいたる大きなショッピングプロムナードがある。それに沿うように裏通りがつくられ、そこに飲食店街が形成されている。さらにもう一本奥に次の裏通りがつくられ、バー、スナックなど地下的なにおいのする社交飲食店が軒を並べる。各通りは裏通りへの脇道がつくられ、横丁のエンターテインメントを受け持っていく。

吉祥寺の場合は街路の整備事業が進むにつれ、既存の横丁は分断されたり、消滅したりしたが、ハモニカ横丁がそのまま残されたことは奇跡的だった。七〇年代の半ば頃には、まず回遊路ができた商業ゾーンの片隅に横丁がいくつかつくられていった。

F&Fビルの西側にできたプチロードには、個性的なお店が連なり私たちを魅了した。そこにはジャズスポットを吉祥寺でいくつも作った伝説の人、野口伊織氏が「西洋乞食」を開いた。おしゃべりを禁じ、静かにクラシック音楽を鑑賞することを強いた「こんつぇると」もあった。やはりジャズ喫茶店「メグ」の寺島靖国氏は、ここに四つのジャズ喫茶をつくって野口氏と張り合っていた。パルコが建つ以前には、そこにもしゃれた横丁があった。二つの映画館（日活と大映）の向かいに野口氏が初めて手がけたジャズスポット「ファンキー」や美人喫茶で多くのファンを集めた「エルザ」、珈琲専門店の走りをつくった喫茶店「ボガ」、中華料理の「万福」などが建ち並び、吉祥寺遊歩者たちのたまり場をつくっていた。

また伊勢丹の東横からダイヤ街に抜ける〝すき間〟にも横丁が形成されていった。「ジロー」や喫茶「カワダ」も、この横丁の中で店を張っていた。「ジロー」は若い女性たちのたまり場になっていた。うなぎの肝焼きや兜焼きでサラリーマンにスタミナを安く提供していた「うな鉄」もあった（今もあるが、ただのうなぎ屋になってしまった）。

七五年に野口氏は、この「ジロー」の斜め前あたりで、今も人気を保つ「サムタイム」をオープンさせている（野口氏については第三章でも述べる）。

▼吉祥寺大通りは開発以前は住宅地であった

A道路、B道路の開発と前後して、当時の近鉄百貨店前、横周辺にいくつかのプレイスポットが集中し、横丁的雰囲気をかもしだしていた。

野口氏はここでも「赤毛とそばかす」というロック喫茶、「アウトバック」というジャズスポットをつくった。喫茶の「ボガ」（ここは〝近鉄裏〟にあった通称「お化け屋敷」で共同生活していた若きミュージシャンたちの溜り場にもなっていて、メジャーになっている彼らは今でもこの店を懐かしむ）、パブの「英国屋」、寿司の「みほしの」、喫茶店の「イブ」などもこの一角に集まっていた。

A道路が完成し、東側一帯は西側の商業ゾーンとは分断されていった。近鉄百貨店が誘致されて、東側は街の表面からは見えにくくなった。

かろうじてJRの南側、井の頭線ガード下あたり、井の頭通りに沿った裏通りの末広通りに飲食店が集積されていた。

A道路によって分断され、近鉄百貨店によって隠された、いわゆる〝近鉄裏〟の飲食ゾーンは、再開発以前から飲食店が集積していた。ただこのエリアはバー、スナック、クラブなどの社交飲食店が多かった。サラリーマンや地元の商店主たちなどが、マダムや女給たちの接客サービスを受ける場所として栄えていた場所だった。

〝近鉄裏〟がピンクゾーンというレッテルを貼られるのは、近鉄百貨店ができた七四年頃からだ。たった一年間の間にピンクサロンが五十軒ほど出現し、呼び込みが道をふさいだ。

社交飲食店が集積している限りは、住民達も安心していた。防犯上からいっても共存する意味があった。しかしピンクサロンの呼び込みは、住民の通行さえままならないものにしたので、住民と行政が立ち上がって排除の闘いが始まる。

大通りがつくられ、裏通りがつくられればそこにエンターテインメント性が帯びるようになり、さらにその裏通りが闇を抱えこんでいく、ということは述べたが、〝近鉄裏〟の場合はその闇があまりにもあからさまにその地下的性格をむき出しにしすぎた。暴力性まで帯びることになった。その結果排除というリアクションを招くようになった。

吉祥寺〝近鉄裏〟の場合は、都市が闇を抱えこんでいく場合の極端な例だろう。行政側は図書館を設けることによって風俗営業が限度を超すことを抑制した。それでもラブホテルはできてしまったが、ピンクサロンはたしかに急減した。住民も歩きやすくなった。

〝近鉄裏〟については、このあとで再びふれよう。

▼「本町ビル飲食店街」はパサージュだ

再開発以前からあった〝近鉄裏〟の社交飲食店の姿は「本町ビル飲食店街」という飲み屋横丁に見ることができる。二つのビルが小路を挟んで向かいあっている。その両方のビルの一階部分に、中に通路をとった飲み屋が並んでいる。二つのビルは別々のオーナーだが、手前のビルには右側四軒、左側四軒の飲み屋があった。さらに小路を経て、次のビルも同じように飲み屋が四軒ずつ左右に並んでいた。お客は計十六軒の飲み屋を店選びを楽しみながら遊歩することになる。

建物と建物とを貫通してできた二十世紀初期のパリのパサージュ（路地）と仕組みは同じである。

しかも奥のビルの成り立ちがもっとおもしろい事実を隠している。

ジャズ喫茶「メグ」の店主でもあるジャズ評論家の寺島靖国氏の父親が右半分を建て、一、二階を貸しビルとした。寺島さんはその二階の一部を父親から譲り受け「メグ」を開業した。一階は四店舗。一番奥に地元の人々に親しまれている居酒屋「飛騨」は、七〇年のオープン当時の姿そのままである。

その後、隣の中村数一氏が貸しビルを計画した。そこで二つの建物を一、二階でドッキングさせてしまうことを相談。そうやって中に通路をとった飲み屋横丁ができ上がり、向かい同士のビルの一階が連続していった。

寺島さんと中村さんのビルの二階もじつに面白い。ジャズ喫茶「メグ」の隣には、後でつながった隣のビルの持ち主中村さんが経営しているクラシックの店「バロック」がある。こちらは一九七四年創業の店。ご主人亡き後奥さんの幸子さんが引き継いでいるが、典型的な鑑賞店で吉祥寺の文化的な香りを静かに発散し続けている。

このジャズとクラシックの組み合わせ、意図的ではなかったところが面白い。また飲み屋街の二階にクラシックの鑑賞店という組み合わせも意外である。

また最近では、フォークやロックが華やかだったころ「いせや」の近くでライブハウスを営業していた有名な「のろ」が、このビルの一階（中村さん側）で復活しライブをはじめた。面白い状況になってきた。

「本町ビル飲食店街」の看板から視線を下に降ろしていくと奥行きのある飲み屋横丁が見渡せる。とても二つのビルが別々に存在していると思えない。不思議で魅力的な横丁空間である。代が変わる店もあったが、このような横丁には常連客が多い。周辺にピンクサロンが乱立しても影響されず現在に至っている。

▼「白耳義館《べるぎいかん》」は商業ビルの中に路地空間をつくった

〝近鉄裏〟のピンクゾーンが形成された二年後に、スナック、バー、小料理店を集合させた飲食店ビル「白耳義館」ができた。〝近鉄裏〟を入ってすぐの右側。二つの建物が階段や路地で結ばれたレンガタイルのこのビルは、三十五年経った今でも人々の眼をひき付け、威容を誇っている。地元で商業を営む人、吉祥寺によく遊びに来る人で知らない人はいないというくらい有名になっている。空室もたまに出るぐらいで、二十二軒の店舗はいつも埋まっている。社交飲食店で働く地元の女性たちにとって相変わらず憧れの場所であり続けている。

このビルは、実は私がプロデュースしたものなので、経緯を簡単に整理してその人気の秘密を明らかにしていこうと思う。

施主はダイヤ街で大きな店を構えていた武蔵野洋装店。その社長の松本宏氏（故人）はダイヤ街商店協同組合の理事長もやっていて、吉祥寺の再開発事業に大いに貢献した人だった。実際先述した「三浦屋」社長山崎喜七氏の右腕として大活躍した。

他の商業ビルの企画で幾度か顔を合わせていた松本社長にある日呼ばれ、ある土地のビル化の相談に乗ってくれと言われ、場所まで案内された。それが「白耳義館」の場所だった。当時は社員寮になっていたその土地をどう活用するか。松本社長との話し合いはそうして始まった。私は地域の特性からいって社交飲食店を中心にしたソーシャルビルが最適だと提案し、松本社長もそれを了承

〝近鉄裏〟にある「本町ビル飲食店街」

した。お客が入りやすいビル、テナントが入居したいと思うビルを目指した。

▼設計家選びは成功した

当時銀座のバー、クラブを専門にした不動産仲介事業で活躍していた平山不動産に、蛭田一男という男がいた。早大にいる時から小説を書き、ある新人賞までとった人だった。営業能力も抜群で、出来高払いの給料だったのでいつも荒稼ぎをしていた。そんな破天荒な彼が私は好きで、よく彼の仕事場に会いに行っていた。

その彼にある設計家集団を紹介された。早大の建築科を出た若手で優秀な人たちだという。この設計家の選択は「白耳義館」成功の大きな要因になっていった。その設計家集団「弾設計」と、彼らがファサード設計を依頼した「アトリエＢＯＸ」は、施主や私の意図をよくのみこんで素晴らしいプランを提案してくれた。

オーナーの松本宏氏が思い描く理想のイメージはベルギーのギルドハウス。彼がベルギーを訪れ、とある地下の酒場から出た時に視覚に飛び込んできたのがギルドハウスだった。そのイメージを彼は熱く語った。それはファサードプランに活かされていくことになった。

私は路地で飲み歩く人達の気分を重視して、ビルの前に立った時から全体が見渡せて、そこに紛れ込んでみたいと思わせる空間づくりを提案した。

少し長くなるが、当時の私の意図がよく出ているので「商店建築」一九九七年四月号の「白耳義館」特集の私の記事を転載しておこう。

《飲食店が密集した路地。その路地に入って店の外観、看板、中にいる客の状態などをかいま見て、ある種の期待感を持ちながら自分の入る店を選択していく。思いきってドアを開けた店の中味が異様で逃げるがごとく退却する。それを繰り返しながら自分の居場所を見つけていく。飲んだり食べたりするために彷徊する人間にはこの〝ひやかし〟が生きがい。ネオン街に飲んべえが集まり、飲食店街に人が集まるのはこの〝ひやかし〟ができるからであり、意外性があるからである。「○○小路」にしみついた形容しがたい情緒性は〝ひやかし〟の結果による人間の歓喜、悲しみ、絶望の堆積した人間くささそのものである。

市街地再開発による区画整理。既存の飲食店街のスクラップ化。新地《あらち》から新たに作り出された商業ビル群。既存繁華街の所有物件の不動産価値を高めるために建てられる商業ビル。そこではその街に、その路地に、その位置に漂っていた、伝統によって生みだされていた、特有の情緒は無残に切り捨てられてしまう。形式だけである。

――中略――

「白耳義館」は〝ひやかし〟の権利をどう客に与えるか、それによって創造される情緒性をどのレベルでまとめていくかという考えを発想の原点とした。ビルの中に路地を導入する。平面にはいつくばっていた「小路」の情緒を立体空間の中に新しい次元で再現する。この基本構想が「二つの建物、その内に生じた変化に富んだ立体空間を導入路として生かす」という建築設計プランにまとめられていった。白耳義館の立地はナイトレジャーが形成されつつある近鉄百貨店裏一帯の入り口。飲食店街の核となりうる位置にある。

吉祥寺北口商店街が三つの百貨店を核とした大ショッピングゾーンとして発展し、買い回り性の高い広域商圏型の魅力ある街に変転するのに従って飲食ゾーンはそれと分化し、ナイトレジャー型店舗を先駆として集積しつつある。そこに〝吉祥寺らしさ〟を演出する。ある高次なイメージを作り出し、それでもってこのゾーンそのものの情緒をその次元にひっぱり込んでいく。そのポジティブなコンセプトが〝べるぎいかん〟の特異なイメージを生み出していった。

一つの建物がL型プランの四階建て、もう一つの建物が切妻屋根の二階建て。この二つの建物の高さをさらにずらすことによって建物の間に生じた立体的な路地空間はさらに複雑さを増し、迷宮性をおびることになった。人間の情緒性、人間のスケールを重視した見事な設計プランだろう。また「アトリエBOX」のファサード設計も素晴らしかった。鍛冶による入口のサインや門扉。窓の意匠などは建物そのものに品位とデザイン性を付加していった。》

ここに入居するテナントは、周辺のクラブでナンバーワンだった女性たちが多かった。それは今でも変わらないようだ。自分に付いているお客を自分の演ずる最高に素敵な舞台に招きたい、ということなのだろう。

昼と夜の「白耳義館」(べるぎいかん)

2　街に湿り気をもたらす社交飲食業

吉祥寺の街を語る時、社交飲食業の存在とその歴史は大概無視される。そもそも街の概念の中に捉えられていない。ここでいう社交飲食業は、バー、クラブ、キャバレー、料亭などの風俗営業の許可（警察の許可）を必要とするものと、スナック、小料理などの保健所の営業許可ですむ両方を対象にしている。

街の光のあたる部分だけを取り上げても、街のおもしろさや魅力を語ったことにはならない。それはあまりにも一面的で薄っぺらだ。その光を作りだす影をとらえ、読み込み、光と影を持つものとして街を語っていかないとその街の本質は浮きあがってこない。

▼アンダーワールドの入口〝近鉄裏〟

最も濃い影を作りだす地下的なものから取り上げてみよう。再開発が進み、A道路と言われた現「吉祥寺大通り」が造成された時、街は分断された。もともと商店街と寄り添っていた住宅街が大通りによって切り離された。

近鉄百貨店は一九七四年、その住宅地側道路沿いにできた。もともと〝近鉄裏〟はサラリーマンや小売商人相手のバー、小料理の店が集積していた場所だった。大通りの造成によって、それがもっとはっきりとした裏の存在になり、表の視野から消されていった矢先に、地下的な臭いのするピンク営業が入りこんだ。

仕掛け人は、当時表向きはクラブの経営者だが、あやしげな営業をしていたKやMという人物だったらしい。無論彼らは裏社会に通じていた。一説によると都心繁華街でのピンク営業の取締りが厳しくなったため、その頃取締りが手薄だった吉祥寺に一斉になだれ込んだようだ。

当時〝近鉄裏〟を歩くのには大変な思いをした。道路は呼び込みの男達で塞がれ、けばけばしいネオンサインが束になって目に飛び込んだ。吉祥寺の闇の世界が人々に意識されるものとなっていった。

やがてその存在は世界中に発信されるようになり、成田から〝近鉄裏〟に直行する外国人も増え、〝近鉄裏〟は世界のアンダーワールドの一つに数えられるようになっていった。

地元住民は怒り立ち上がった。行政も動いた。行政側では武蔵野市の土屋市長が先頭に立った。行政側が行なったことは風俗店を成立させない手段を講じることだった。

ピンクゾーンに近接した所に図書館を設ける計画が実行された。図書館から二〇〇メートルの範囲では風俗営業ができないからだ。近鉄百貨店（現ヨドバシカメラ）の五日市街道寄りの横を入った所にそれは建てられた。

効果は大きかったようだ。地元のパワーもすごかった。行政を動かして監視カメラを周囲に張り巡らし、呼び込みができないようにしていった。

当初警察は、このピンクゾーンをこの一カ所に封じ込め、他に分散させないようにする考えだったようだ。しかし、住宅街があまりにも近すぎた。ピンク営業は衰退し、呼び込みもえげつないものはなくなった。それに入れ替わるように進出してきたキャバクラも地下的な臭いがしないでもないが、監視カメラを意識してか、比較的静かである。

▼ピンクゾーンの推移

ただ、社交飲食業の組合幹部が案じていたように、ピンク営業は他のエリアに分散していった。特に目立つのが南口の「パークロード」と言われるバス通りだ。ただ絶対数は増えているわけではない。

ピンク営業の衰退は、地元民や行政の追放運動だけの結果とはいえないようだ。〝近鉄裏〟のつくね専門店「せんなり瓢簞」の木下嘉美氏が言うように、かつてピンクで遊んでいた三十代、四十代の男達は今金銭的な余裕がなくなり、遊びどころではなくなっているということも大きな理由のようだ。ピンク営業の基盤自体がデフレ不況が長引く中で、弱くなってきているということだ。

しかしそれが衰退したからといって〝危険物〟を除去したことにはならない。時代が変われば

〝悪所〟はまた造られる。

吉祥寺の場合は、他の都心繁華街、地方中心都市のように、裏側の部分がひっそりと一つにまとまる場所がなかった。地方中心都市をみると、社交飲食業は中心市街地からはずれた所にまとまって裏の存在を誇示するものだ。そこは大体かつて遊郭だった場所だ。住宅地からも完全に離れている。

吉祥寺のように住宅地が近く、それらが集合する厚みもない都市空間では、分散型になるしかないのだろう。だから警察や地元民の監視も難しくなっていく。

実際最近では、客引きを店の前ではやらず、駅近くにまで出張ってやっていることが多いようだ。また夜遅くには売春婦が暗がりで立っている姿も見かけるようになったという。

▼戦後吉祥寺には料亭文化があった「清鳳閣」

「もはや戦後ではない」と言われた一九五四年頃から始まり、五七年六月に終息を見た「神武景気」、五八年七月から始まり、六一年十二月まで続いた「岩戸景気」、そして六五年十一月から七〇年七月まで続いた「いざなぎ景気」、その時代、日本人の所得は増え、生活は向上し、全てが右肩上がりで伸び、そのままそれらが続いていくものと信じられていた。そんな時代、吉祥寺では周辺大手企業の接待需要が急速に増え、その受皿を用意しなくてはならなかった。その一つが料亭だった。

ちなみにこの料亭も風俗営業の許可を必要とする業態だ。神楽坂、赤坂、新橋など場所によっては芸者の出入りがある。そんなところでは売春などを監視する目的で、警察・公安委員会はおのれの管理下のもとにおいた。

やきとりで有名な「いせや」の二階も当時はすきやきの料亭だった。酌婦さんもいたし、三味線のおねえさんもいた。

井の頭通りのマルイがある場所は、かつては「清鳳閣」という知名度の高い料亭があった。創業は一九五四年のことである。池のある大きな庭を取り囲むように宴席が設けられていた。二階建てで、上階が四つの部屋、下が三つにも分けられる大広場で、舞台も設けられてあった。お座敷はいつも満員だった。

仲居さんも宴席の場で接客に務めていたようだ。六五年までそこで仲居を務めていた「えい子」さんは今年七十八歳（私が文化ストアの中でたまたま出会った人だった）。銀座の「大野屋」であつらえてもらった着物を着てお座敷に出ていたという。時代の変化によりここは料理屋から結婚式場へと変わっていくが、彼女はその時にはやはり料亭文化の盛んだった赤坂に移った。

この「清鳳閣」はその一角でダンスホールを経営したり、夏にはビヤガーデンを設けたりして、地元の人にも親しみをもたれていた。

この料亭のオーナーの清水友太郎さんは、今では「マルイ」のビルオーナーになっている。

▼首相も訪れた高級料亭「双葉」

この清水友太郎さんの弟正義さんも、別の料亭「双葉」を経営していた。それは東急百貨店の横、大正通りをしばらく行った右側にあった。

実は歴史的にはこの「双葉」のほうが古い。しかも店格はこちらの方が上だった。

一九四七（昭和二十二）年の創業。終戦直後に料亭がこの吉祥寺で開業されていたという事実は驚きだ。

「双葉」も「清鳳閣」も父徳太郎さんが創業したもの。徳太郎さんは明治二十三年創業の埼玉・大宮公園の料亭「清水園」（現ラフォーレ清水園）の経営者の長男だった人で、もともと料亭経営の何たるかを熟知していた。そのノウハウを吉祥寺に移植したわけである。

「双葉」の建物は一九二四（大正十三）年、関東大震災の後、清元の初代・延寿太夫が造った稽古場だったもの。大正モダニズムが随所に見られる洋館と、日本建築の持つ様式美が一体となった建物で、その静謐なたたずまいは近寄りがたいほど立派なものだった。そこが料亭に生まれ変わった。

お客は日本建築の美しさを誇る歌舞伎門をくぐり玄関にたどり着く。入ってすぐのところに応接間が設けられている。私邸に招かれたような雰囲気だ。そこが今で言うウエイティングルーム。そこから個室に案内される。造形美豊かな日本庭園をめぐって九つの部屋が設けられていた。

仲居は料理、酒を運ぶだけでなく、お客にお酌もし、話し相手にもなった。踊るもの、三味線を弾くものもいたようだ。

客は日本の復興を担っていった企業のトップクラスの人たちや政治家たちだった。終戦直後の総理大臣、東久邇稔彦、岸信介、中曽根康弘も訪れていた。

女将を務めた清水昭子さんが結婚したのが一九六〇（昭和三十五）年。高度成長経済の時代、正義さんと昭子女将が仕切ったこの「双葉」は、特定の人たちの特別な宴席の場として利用されていった。銀行の支店長たちも接待される側でよくこの店を使った。一人に一台を割り当てられた黒塗りのハイヤーが毎日行列をつくり道を塞いだ。

長男の友太郎さんが任せられた「清鳳閣」は「双葉」より大きかったこともあり宴会客中心の料亭であったので、「双葉」とは差別化されていた。「清鳳閣」のお客は、早く出世して「双葉」で接待したりされたりしてみたいと語っていたそうである。

バブルの崩壊とともにこの店の歴史は閉じられるのだが、建物は武蔵野美術大学が建築資料として解体、移築したそうである。

マダム昭子はその場所で十三年前の一九九八年、フランス料理店「ラパンアジル」を開業し、今は息子に経営を任せている。

▼なぜ吉祥寺に料亭文化が開花したのか

サンロードの五日市街道を挟んだ向かい側には「大網」という料亭があった。

清鳳閣の中庭に立つ豊国食品の大川順氏

「双葉」の入り口

一九五九年創業だからかなり古い。一階は「月亭」という料理屋で、一般的な会食や接待に使われ、二階の料亭とは使われ方が違っていた。新宿で加賀料理「光林房」、「喜多やま」などを経営していた永和グループが、吉祥寺の接待需要を見込んで早々と進出してきたもの。一階ではいけす料理などもやっていて幅広い客層をつかんでいた。地元客や成蹊大の関係者の集まりにも対応していて、接待需要のみに絞らなかった。それが他の料亭と違ってごく最近まで営業し続けられた理由だろう。

あの時代、接待需要があったとはいえ、なぜ吉祥寺に料亭文化が開花したのか、今の街の状況からは判断しにくい。その根拠の一つは先述した「双葉」を開業した清水徳太郎さんの存在だ。「清水園」での料亭経営の体験を吉祥寺という郊外都市に突然持ち込んだのがきっかけになっている。料亭での接待ということは何か秘密めいた話合いがイメージされる。だから近づきやすいが見られにくい場所が求められるのだろう。

ここで取り上げた四つの料亭は、みんな中心市街地に対しては周辺部。見られにくい場所だ。しかしいずれも車で乗りつけやすい所にある。どうもそこらへんが吉祥寺に料亭文化が作られた第二の根拠といえるのではないだろうか。

▼幻の文化バー「呉峰」

料亭文化が華やかなりし頃、街の隅々にサラリーマン相手のバーができていった。ママさん一人の店もあれば、女性を何人もおいて接客にあたらせていた店もあった。それらは横丁に潜んでいたり、ガード下にもぐり込んだりして、殿方の疲れた精神を慰めてくれた。しかしここ吉祥寺には、他の大きな街でよく見かけたバー街というものはなく、どちらかというと分散的な存在だった。せいぜいあったとすれば、先述した〝近鉄裏〟の一角に今も存在する「本町ビル飲食店街」くらいだろう。

ママさんやホステス相手にとまり木にとまり、酒を飲むというシーンは若い人達にとってイメージできないものになった（最近そんな歴史を知らない若い殿方相手にカウンター向こうで女性がお相手してくれる「ガールズバー」なるものがはやりだしたと聞く）。ましてやその一隅に、文化人達がこよなく愛した高級バーがあったという事実はもっと想像できないことであろう。

そのバーはサンロードの右側にある「ルーエ」という本屋（昔は同名の喫茶店だった）の角を右折した横丁にあった。サンロードと吉祥寺大通りに挟まれた横丁で、現在の状況から判断するとそこはあまり情緒がない場所に見える。

しかし大通りがなかった時は、この横丁は〝近鉄裏〟に地続きで通じていた。飲食店が点在する住宅地に通じる横丁だったわけで、その入口近くにその店はあった。「呉峰」という名の店だった。

ママが駅前で画材店も経営していたということもあって、「呉峰」というのはゴッホから取った当て字だろうと誤解する人が多い。実はママの出身地が広島県の呉で、その呉とその背後にそびえる灰ヶ峰の峰を合わせてできた店名だった。この店はカウンターバーでボックス席はなかった。十

「呉峰」のママ石坂喜代子さん

五、六人は座れるそのカウンターの中にはママ以外にも四、五人の女性がいて接客に当たっていた。その女性達も学歴や教養の有無を問われて雇われた人達で、知性豊かな人達ばかりだった。

ママ石坂喜代子さんは女優のような美しい人だった。知性と品位を兼ね備えた人でいつも毅然としていた。お客にもへんに媚びることがなかった。そんな彼女を文化人達は大切にした。亀井勝一郎、吉村昭などの文壇の人達、大学の先生方、医者、本郷功次郎などの俳優などが詰めかけていた。

そこで働いていた「椿」（パルコ前のナインビル地下）のママ土屋純子さんは「お客さんはみんなお洒落で、紳士的で、知的だった」「飲み方がみんなカッコ良かった」と言う。また働いている自分達も「必死で働いた。真剣だった。遊び半分ではやっていけなかった」と振り返る。

そこにはそんな雰囲気を愛する実業家も加わっていた。八幡製鉄の当時の常務もその一人で、小金井カントリークラブの帰りによく立ち寄った。後述する武蔵野社交飲食同業組合の会長を務める早川克紘さんも若い頃この店を訪れて「大人の酒の飲み方を教わった」という。いかにも文化人が多く住む吉祥寺のバーらしい話だ。また従業員を厳しくしつけたが面倒見も良かった。

東急百貨店横でスナック「ガルボ」のママを務めているけい子さんは、「呉峰」を退職するときにかなりまとまった額の退職金をもらい、それで近鉄裏の一角に店を出すことができたという。当時の社交飲食店の常識では考えられないことだ。

今では「呉峰」のご主人もママも亡くなり、もちろん店もない。知っている人も少なくなった。しかし吉祥寺の社交文化を掘り下げていくと、この文化バーの知的なざわめきが聞こえてくる。そしてその歴史の断片を拾い集めていくと「呉峰」とそのママを幻視することができる。

▼「八陣」の接客

炉ばた焼き、割烹でビジネスエリートたちを惹きつけ続けた「八陣」の女将八陣慶子さんは、現在南口の東急インの地下にある「和亭八陣」の女将である。三十五年前から吉祥寺で店を構え、吉祥寺で遊ぶビジネスエリートたちを魅了しつづけた。

二十七歳の時に新宿でたった十坪のバーを立ち上げ、それを超繁盛店にしてその才能を開花させた。十人の女性と二人の男性、それにレジ係と女将の合計十四人で十坪の店を運営したのだから想像しにくい。働いている者たちだけで一杯という感じである。しかし、バーの外ではウェイティングができたというから伝説的な話である。

人をそらさない話術、気配り、人使いの巧みさなど、接客サービス業に必要な条件がそろっているのだろうが、もっと奥の深い魅力が彼女に備わっているようだ。一言で言えばそれらの条件がナチュラルになされ、媚びることがないということかもしれない。品位がバックボーンにあるのである。

それは高級バー「呉峰」のマダム石坂喜代子さんに相通じるものがあるような気がする。実際八陣慶子さんは、お客を連れて「呉峰」に何度も通ってマダムと接している。

新宿のバーを成功させた八陣さんは、家庭の事情で惜しまれながらその店をたたんで吉祥寺にやってきた。七五年、「李朝園」のあるコスモビルの三階に三十三坪の炉ばた焼きの店「八陣」を開業する。

当時炉ばた焼きは全国的なブームの時だった。すぐ近くには炉ばた焼き「山ちゃん」があってすでに繁盛していた。一品一〇〇円で五〇円のものもあった。しかし八陣慶子さんは一品三〇〇円で勝負をかけた。客層を「山ちゃん」とは差別化し、値段が高くても品質とレベルの高い接客を求める客層に絞り込んでいった。

周辺の人たちはこの考え方に不安をおぼえ、無謀なことと忠告したりもした。しかし彼女はその考えを押し通し、繁盛店をつくりあげてしまった。そこには商店街の店主たちがよくあつまっていた。

八〇年代に入ると炉ばたのブームは下火になっていった。八三年、店を大改装して割烹「八陣」に業態変更した。板前をおき、女性も四、五人使ったこの割烹には法人客が多く集まった。横川電機の役員や日本無線の役員たちもやってきた。東急建設、東急百貨店の幹部たちや証券会社の支店長たちもやって来た。「呉峰」にお客を連れて行ったのもこの頃のことであった。

バブルの崩壊とともにこの店を閉めることになるが、彼女は数年後再びこの吉祥寺で営業を始めていった。井の頭通り沿いにある「東急イン」の地下に入居し、「八陣」を再起させた。リーマンショック、大震災と続き、さすがの「八陣」も法人客は激減した。個人客は問題がなかったのだが、頼みの法人客の減少は痛かった。しかし今はその法人客も戻り始め、彼女の接客にも再び力が入り始めた。

▼「白耳義館」で活躍した二人の美人ママ

「白耳義館」(94頁参照)ができた当初から入居していたテナントのなかに「寿寿」と「ガス燈」というクラブがあった。両店ともママさんがお客をすでに多く持っていて、開店早々から混雑していた。「寿寿」のママ橋本すみ子さんは、南口のほうで七〇年に「寿寿」を立ち上げていて、そこは盛業中であった。「白耳義館」オーナーの松本宏氏や東急建設の営業担当とともに私はこの店を訪れ、建設中の「白耳義館」に入居してくれるよう依頼した。その店はすでに手狭になっていたこともあったし、このビルをすっかり気に入ってくれたということもあって交渉はスムースに進んでいった。

彼女は美人のうえ、客あしらいがうまく、頼まれればいやとは言えない人情家。お客にとっても従業員にとっても親しみやすい人だった。お客はどちらかと言えば法人のお客が多く、接待場所としても使われた。今では息子さんに代を譲ったが、古いお客がやってくる毎週金曜日には店に顔を出すようにしている。

一方「ガス燈」のママ筒井美紀さん（通称洋子ママ）は若い時に、生活の事情からクラブの世界に飛び込んだ。銀座のクラブに勤めようとしたが、ホステスとしての支度が金銭的に大変なことから断念。吉祥寺でクラブを探した。その世界の事情がまったくわからなかった彼女は〝近鉄裏〟を一人で歩きながら働き場所を探し歩いた。

初めに入った店はクラブだと思ったらとんでもないピンクキャバレー。衣装をまとって初めてわかった。すぐに飛び出してやっと本格的なクラブに勤めた。それがクラブ「ロイヤル」だった。当時高級クラブとして知られていた。その後スカウトされてクラブ「貴石」に移る。美貌で若い彼女はたちまち人気者になった。

そこでお客としてきていた内装業者の阿部芳勝氏の紹介で「白耳義館」を知る。彼女もこのビルにたちまちほれ込み出店を夢見る。しかしクラブ経験の短い彼女には自己資金が少ない。しかし彼女の人柄に周りがほれ込み、放っておかなかった。銀行の融資は周りの人たちの力で無事おりた。

「ガス燈」のお客は「寿寿」とは違って個人客が多く、クラブの時のお客さんが中心であった。橋本すみ子さんもそうなのだが彼女には水商売くささがない。清潔な感じを保ち続けている。先述した「双葉」の女将昭子さんもお客が求める二次会によくこの店を使ったという。連れていったお客に喜ばれたからだ。

ちなみに彼女は今でも現役でママさんをやっているが、その美貌は衰えてはいない。

▼バーからスナックの時代へ

高度成長経済の追い風に乗って、吉祥寺にも女性を接客にあたらせたバーが増えていったのだが、六四年に施行された都条例でバー、キャバレーなどの風俗営業店の深夜営業が禁止された。高度成長経済を支えていった若いサラリーマンは元気だったし忙しかった。深夜のバーで憂さを晴らすツワモノも多かった。バー経営者にとってそれは死活問題になった。

それにとって替わったのがスナックという業態だった。これは風俗営業法の範囲外。一応食事も出すということで保健所の営業許可と、深夜まで営業する場合は、深夜酒類提供飲食店の届出を公安委員会に提出するだけでよかった。

深夜営業を禁止されたバー業態はどんどん衰退していった。しかし問題だったのは、スナックの深夜における女性の接客だった。風俗営業法の許可をとっていない店が深夜に女性に接客をさせているということで、衰退に追い込まれていたバー経営者達がその事実にクレームをつけた。公安委員会も摘発に乗り出した。当時毎日のように都心繁華街でこの摘発騒動が繰り返され、それが新聞の三面記事をにぎわせていった。

バーの衰退に追い討ちをかけたのがカラオケだった。それは七一年に開発され、七三年に大手メーカーが登場（第一興商など）、そして七六年にはカラオケテープが開発されて、七六、七七年に第一次カラオケブームがやってくる。

このカラオケを店内に導入することによって、女性の会話による接客は必要がなくなっていった。お客もカラオケで憂さを晴らすほうを好んでいった。女性の接客を売り物にしていたバースタイルはそうやって街から徐々に姿を消していった。スナックの経営者達もカラオケの恩恵をこうむった。高い人件費を払っていた女性の接客係を減らすことができたからだ。

お客はさほど神経を使わなくとも勝手にカラオケで楽しんでくれた。しかし新たな難題が持ち上がった。それは著作権協会（ジャスラック）による使用料の徴収だった。当初この徴収はかなり強引に行なわれたようだった。

深夜営業とカラオケ使用料の件で、スナックの経営者達は団結する必要を感じた。先述した早川克紘さんはその先頭に立ってパブ・スナック組合を立ち上げた。七九年のことだった。

それによって深夜営業における風俗営業法違反の摘発をくい止めようとした。またカラオケ使用料の低減を目指した。これは想像した以上の反響を呼んだ。読売新聞は「アウトローの反乱」として報道した。警視庁の公安委員会も動いた。

それは後に「百店会」、さらに発展して「二百店会」となっていくのだが、カラオケ使用料の問題はなかなか解決できなかった。バー経営者達と著作権協会の人達が結託して、スナックの立ち入り検査をやろうとしていたことなどもあって、早川さんもその件でもかなり悩んだようだ。

組織ならその使用料は三割引きになる、という条件を飲んで早川さんは東京都社交飲食業生活衛生同業組合に入り、その武蔵野支部を立ち上げた。今、早川さんは東京都の副理事長を勤め、武蔵野社交飲食同業組合の会長となってこの吉祥寺の社交飲食業のまとめ役となっている。

3 〝近鉄裏〟で新しい居酒屋文化をつくる

最近の〝近鉄裏〟では、三十代の若い経営者達によって新しい料飲文化が作られ始めている。次に紹介する沖縄料理の「ニライカナイ」の山岸雄人氏もそうだし、後述する「ガチャガチャ屋」と「もも吉」の岡村良太氏、「東京基地」を展開する益子竜一氏もそうである。

▼沖縄料理で新しい風、コパグループの新展開「ニライカナイ」

今、吉祥寺では沖縄料理が元気いい。「ニライカナイ」という名の店が三店舗もあっていずれも若い客でいっぱいだ。かつては泡盛でしたたかに酔っ払い語り合う場として、編集者や画家や芝居関係の人達に親しまれてきた場末の沖縄料理屋。しかし今ではすっかり若者達が集う場に変わった。

沖縄が舞台になったドラマがテレビで放映され、沖縄のミュージシャンがメジャーになり、日本でありながらエキゾチシズムが漂うこの沖縄を、遠くにありながらも身近に感じている結果なのだろう。そういえば高校野球や女子プロゴルフを観ていても沖縄出身というだけで応援に特別に力を込めるということもなくなっている。若者にとって沖縄料理は少しエキゾチックで少し泥くさいが、日本人の原風景を感じさせてくれる地方料理の一つなのだろう。

「ニライカナイ本家」の一号店は、ヨドバシの裏側の横丁にある。十一年前の二〇〇〇年にオープン。口コミでその噂が広がり、一カ月で行列のできる店になったのだから驚きである。発信力がすごいのだ。その二年前にサンロードの先、五日市街道を渡った所にオープンさせたタイ料理の店「旅人の食堂」で始めた方法だが、内装は代表の山岸雄人氏をリーダーにスタッフ達だけで仕上げていった。設備面だけは業者に頼んだが後は自分達でやった。

静岡の民家の廃材や流木を拾い集めて内装に使っていった。入口近くに沖縄独特な屋根瓦が上部に設けられ、下のほうにはこれも沖縄に見られる石垣を使ったテーブル席がある。これも手作りなのだが、通りがかった左官屋さんが、素人の作業に見かねて石垣造りと床のタイル貼りを無償で手伝ってくれた。素人でも自分達の感性を信じて造りだしたものには優しさと温もりを持っている。人間的スケールの中でお客はホッとすると共に自分をさらけ出せると感じてしまう。

二号店は五日市街道沿いの「旅人の食堂」の一階、三号店は井の頭公園に通じる七井橋通りにある。それらも同じ考えのもとに自分達の手で内装を仕上げている。

料理は初めからプロの料理人は雇わなかった。内装もそうなのだが、山岸氏は自分達で作りあげる喜びを追い求めた。だからオープン当初は調理の速度が遅く、随分待たせることがあったが、お客は沖縄料理はそんなものかと解釈してくれて助けられた。しかし、「自己満足よりお客満足」を目指している彼は調理のレベルをどんどん上げていった。

酒はやはり泡盛が圧倒的だ。料理はゴーヤチャンプル、沖縄そばといった一般的に知られたメニューがよく出るが、沖縄の食材を使った創作料理も人気があるという。沖縄そばは沖縄から取り寄せている麺と豚ガラ、鶏ガラをしっかり使ったスープがよく合っていて自慢の一品だという。

そもそも山岸氏がこの沖縄料理をやろうとしたきっかけは、バブルが崩壊してこれまで営業してきたバーがだめになり始めたため。これからは食べ物屋に切り替え経済情勢にぶれない事業展開しようと決断。ちょうどバー部門のアルバイトに宮古島出身の者がいて、沖縄料理を話し合ったのがきっかけだった。

八〇年代、前身の「コパカフェ」というライブ喫茶は、吉祥寺の若者を魅了していた。叔父の立ち上げた「コパ」の一号店は「ニライカナイ」二号店の場所にあった。野口伊織氏や寺島靖国氏のジャズ喫茶、ジャズのライブが街の空気を一変させていた時代だ。「曼荼羅」もライブハウスで爆発していた。コパグループはやがて「ニライカナイ」三号店のある七井橋通りでレゲエカフェの「コパシャリブ」を、続いて「本家」のある本町にリズム&ブルースの「コパブロス」を開店していった。

バブル崩壊後、八〇年代の勢いは衰えていった。アーティスト、ミュージシャン、画家、作家などが集まっていたコパグループも、経営は甥の山岸雄人氏にゆだねられ、業態転換を図っていった。

チェーン居酒屋が中心部に入り込み、ディスカウント競争をしている中で、叔父が勝負した横丁的空間で、甥の雄人氏は次の〝吉祥寺らしさ〟に挑戦している。

▼「ガチャガチ屋」と「もも吉」

「ガチャガチ屋」は今年二〇一一年で丸七年になる居酒屋で、若い客でいつも賑わっている。カウンターの中の従業員もテキパキと作業しながらお客に絶えず話しかけ元気がいい。酒の肴も値段の割にはクオリティがしっかりしていて常連客をがっちりつかんでいる。

店の雰囲気もチェーン企業のような造り込んだものではなく、シンプルで手造り感覚。場末の飲み屋の風情を意図的に演出している。不調和や不合理はそれはそれでいいじゃないかというメッセージが伝わってくる。そこに感度のいい若者が惹きつけられるのだろう。

四年経った「もも吉」の立地はもっと住宅地寄り。夜は周辺が真っ暗になってしまう場所にぽつんとある。この店も大盛況だ。手前が立ち飲みのコーナーになっていて奥が比較的広いテーブル席。週末になると入り切れないほどの混みようだ。「もも吉」のももは腿肉のこと。腿肉をかぶりついてもらおうという主力商品をアッピールする意味からだ。

この二店を経営するのが岡村良太氏である。

「ガチャガチ屋」では手打ちうどんも人気商品のひとつ。経営者の岡村氏の父親が手打ちうどんを作るのが好きで、それをメニューに入れた。当初はその父親に打ってもらい評判を呼ぶ。朝四時まで営業していたので、深夜まで飲み歩くお客や朝帰りのお客がそのうどん目当てにぶらっと入ってきた。岡村氏は自分もそのうどんにこだわっていった。

やはりうどんを徹底するには昼中心の店のほうがいいという判断で、彼は最近うどん専門店を三鷹駅北口の駅そばで造ってしまった。「うどん食堂とらたま」がそれである。まだ立ち上げたばかりなので手が抜けない。

「ガチャガチ屋」や「もも吉」は店長に権限をかなり委譲している。自分もオーナーに叱られたり、お客に注意されたりして成長してきたのだからやってみろと突き放す。従業員は家族同様なのだから、感覚を共有するために飲んで話せとも忠告する。

彼もまだ三十七歳と若いが、成蹊大を出てからすぐ居酒屋の世界に入った。「天狗」チェーンのテンアライドに就職するが、それでは勉強にはならないと西荻窪にあった個人経営の店で修業し始めた。「〝亭〟やんでえ」という店で、学生時代にも客として訪れていた店だった。ここで五年近く修業した。その修業中に場所の悪い所、看板も出さない所でどうお客を集めたらいいかを学んだ。それを彼は従業員達にも伝えようとしている。

▼〝基地シリーズ〟で街に侵入する益子竜一氏

〝基地〟シリーズを展開する益子竜一氏は、「ガチャガチ屋」の約半年後に最初の店「東京基地」を開店している。JR線に沿って西荻窪の方角に向かい、水門通りと交差する角のセブン・イレブンの地下にそれはある。この周辺は中心からはかなり離れているが、吸引力のある個性的な店が最近急に増えているエリアだ。益子氏の店もそのひとつ。

リゾットを看板にしたメニューで勝負している。もちろんピザもスパゲティもあるのだが、わざわざこの場所にまでお客を引き込むには特徴のある〝売り〟がなければと、女の子を中心に口コミでリゾットが好きかどうかを調べてみた。反応が良かった。そうやって本来脇役だったものを主役に引き上げた。

「東京基地」という店名も変わっていて秘密めいている。そこにま

沖縄料理「ニライカナイ」

「基地バー」

っとうな料理が用意されているので、そのアンバランスにお客は驚いてしまうし、おもしろがる。益子氏は高校生の頃から店を出すことを密かに考えていた。高校卒業後パレスホテルでサービス業の基本を身につける。その後第一ホテルの裏にあった「チャールストンカフェ」でホールマネジャーなどを体験する。

イタリア料理との出会いは「サルバトーレ」新宿店から。そこでイタリア料理の深みを知った彼は立地の問題もあって真っ向勝負は避けた。また、〝基地〟という秘密めいた怪しげな店名をなぜあえてつけたのか、その経歴からではわかりにくい。彼が小学校の時代、周辺では団地がどんどん立ち上がっていって平屋の古民家は壊されていった。壊した後には小さな公園が一時的にでき、そこには壊されたいろいろな物が落ちていた。そこに侵入し、不思議な物を拾い集める〝基地遊び〟に彼は夢中になった。少年期のこの秘密めいた場に近づき、ドキドキした気分で壊された物を集めるという原体験は、店造りにそのまま投影されているようだ。

その後、たて続けに同じ吉祥寺で開設していく「基地バー」やショットバー「秘密基地」にもそれは表現されている。「基地バー」ではソフトクリームも売っていて店頭にはよく見かけるソフトクリームのあんどん看板さえ置かれている。

今では渋谷に二軒、杉並・松庵に一軒を持つまでになっているが、この少年のような〝基地〟シリーズ、どこまで続いていくのであろうか。

第3章

吉祥寺文化が熱をおびていた

記憶の中の吉祥寺
「北口駅前」1985年撮影。「鈴木育夫写真作品集」より

1　ジャズシティ吉祥寺の時代

一九六〇年代後半から七〇年代、吉祥寺にはジャズスポットがいくつも誕生し、そこには多くのジャズファンが詰めかけた。

街は高度成長経済によって急速に発展し始めていた。狭い商店街に来街者が殺到し、そこにバスや車が入り込み、喧騒は極みに達し始めていた。市街地再開発はそんな状況を打開すべく断行された。

当時吉祥寺にやってきた来街者は買い物客ばかりではない。井の頭公園に遊びに来た家族づれや若いカップルもいた。また都心繁華街を遊歩するような気分でやってくる人々も多かった。別に目的らしい目的はなく、ただ街に来て街の細部《ディテイル》に触れたり見たりして、街から何らかの刺激を求める人達だった。

この吉祥寺遊歩者達は、ある時は渋谷にも、ある時は新宿にも出向くのだが、街の細部と向き合いやすい吉祥寺に頻繁にやって来る。巨大になり過ぎた繁華街はあまりにも匿名的で、あまりにも孤独すぎる。どんどん都市化が進んでいるとはいえ、吉祥寺の街だとスケールもコンパクトでまとまっているし、その細部と親密になれる。そこにやって来る人々とすぐ交われる雰囲気を持っている。

この時代、喫茶店がやたらと多かった。それらは吉祥寺遊歩者の受け皿にもなっていた。「古城」や「田園」のようなクラシックな外観と内部インテリアを持った純喫茶や「ルーエ」「ニューカワダ」「グリーン」「ボア」などのしゃれた喫茶店が大繁盛していた（喫茶店については、次の章ですこしふれる）。

やがて、彼ら遊歩者達の中に、時代の先端の空気をかすめとろうとするものが輩出してくる。先端的な風俗に敏感な大学生や、まだ学生気分が抜けない若者達がそうだった。六〇年安保闘争があった政治の時代が終息していった当時、不安な気持ちの中で彼らは自らの前衛性をどこにぶつけていくべきかもがき苦しんでいた。歌声喫茶や「ぐぁらん堂」などのフォークソングの店もそんな若者達を受け入れていった。

なかでも、変貌する都市のリズムを最も先端のところで捉えていこうとする人たちを夢中にさせたのはジャズスポットだった。

▼ジャズスポットが誕生

伝説の人となった野口伊織氏がジャズスポット「ファンキー」を立ち上げたのが六〇年四月。父親の経営していた純喫茶店「ブラジル」の地下で産声をあげた。彼がまだ高校生だった頃だ。時代は安保闘争の真っ最中だった。

そしてこの「ファンキー」を三階建てに全て改装して本格的に自分が経営に乗り出したのが六六年だ。

街はこの年、再開発プランが紆余曲折を経てやっと決定を見た。

学生達も政治の時代が去ってくすぶっていた時代だ。そんな彼らの多くは都市の打ち鳴らすリズムとして、おのれの魂をゆさぶるリズムとして、モダンジャズに飛びついた。

この街には、成蹊大、武蔵野美大、東京女子大、東経大などの学生が多く集まって来ていた。またアーティスト、ミュージシャン、芸能人が多く住んでいる。それらが吉祥寺遊歩者になって街を徘徊していた。

五〇年代、六〇年代は、世界的にジャズの巨匠達がもてはやされた時代だ。彼らの新しいアルバムを聴き、新しい演奏スタイルを最先端情報として仕入れることを自分の〝前衛性〟と思うジャズファンが増え、吉祥寺を遊歩した。わざわざ吉祥寺までやってきてジャズスポットにはまりながら、やがて吉祥寺遊歩者の仲間入りするものも出てきた。

後述するが、この野口氏は七〇年代、八〇年代にこのジャズスポットを増やし続けていった。また吉祥寺の東側、本町の片隅で「メグ」を立ち上げた寺島靖国氏も、自分のポリシーをぶつけながら同じくジャズスポットを作り始めた。

元町通りからロフトに向かう「プチロード」という小さな横丁では、野口氏と寺島氏が出店を競いあっていた。寺島氏がその中央部で一、二階建ての建物二軒あるところに四店舗を構えれば、野口氏は出口を二店舗で押さえるという具合であった。

▼〝ジャズの街・吉祥寺〟という記号

吉祥寺のこれらのジャズスポットは、当初はスピーカーに向かって頭をたれ黙って聴く、いわゆる鑑賞店のスタイルをとっていったが、七〇年代の半ば頃には酒やコーヒーを飲みながら、会話を楽しみながらBGMとして聴くというスタイルに変わっていった。演奏者や演奏スタイルの変化に敏感に対応し、その先端情報を手に入れることを自分の前衛性の証と信じてきたジャズファンが減少した。代わりにもっと気軽にジャズを生活の中に取りこんでいこうとする人々が増えていった。前衛性、先端性というよりも、街で遊歩する己のリズムとして、あるいはライフスタイルとして、いつも空気のように漂う存在として意識し始めた。

かつて一九二〇年は「ジャズエイジ」とも呼ばれていた。その場合のジャズはむろん音楽のそれでもあるのだが、もっとライフスタイル全般を表わす記号として使われていた。〝ジャズの街吉祥寺〟も、狭いエリアにジャズスポットが集中的に存在する街を表現したものだが、それだけではない。吉祥寺遊歩者のライフスタイルとしてのジャズという記号は、都市という〝読み物《テクスト》〟の中に織り込まれている。ジャズの街だから横丁のディテイルが意識されていく。逆に横丁が読めるものとして意識されてくるとジャズの街吉祥寺が見えてくる。

▼伝説となった野口伊織氏の吉祥寺物語

五十八歳の若さで他界した野口伊織氏だが、十年後の今になっても、彼にかかわった全ての人の心の奥底を鷲づかみにして離そうとはしない。それは大げさに言えば、吉祥寺の街そのものについてもいえるかもしれない。この街の心臓もその鼓動も、彼によって今でも揺さぶられ続けているといえなくもない。

彼に関わった人、といっても一様ではない。ジャズに関わっていた人も多様だ。ジャズ演奏者、ジャズ評論家、ジャズ喫茶のマスター、インテリアデザイナーなどだが、それも交友の一部分でしかない。音と空間に関わった全ての人にとって、野口伊織氏は忘れられない存在であり、影響を大いに受けた存在であることは間違いない。しかし、その交友関係はもっと多様でとらえどころがないのである。

行きつけの小料理屋（たとえば「柿の木」や「せんなり瓢箪」）、スナック（たとえば「水瓶座」）などでは店主とは客との関係を超えて親しくなり、酔い、騒ぎ、議論し、おのれを無防備にさらけだしていた。

また街の祭りにも積極的に仲間入りし、みこしをかつぎ、愛用のライカでかつぎ手を撮りまくっていた。スポーツでも、ジョギング、テニス、スポーツジムなどで汗をかき、その仲間との交友関係を深めた。

好奇心が人並みはずれて旺盛で、欲しいと思うもの、やりたいと思うことをなりふりかまわず追いかける。触角をいっぱい持っている軟体動物のように好奇なことや物を目ざとく見つけてしまう能力がすごい。だからある時にはアヴァンギャルドになり、ある時にはアナーキーになり、ある時にはシュールレアリストになっていく。見方を変えれば吉祥寺という都市空間の中で、その街と戯れ、じゃれまわり、いつの間にか街そのものに優しさとか寛容性とかを注入していったともいえる。

▼「ファンキー」誕生

野口氏が慶応高校二年の一九六〇年、「ファンキー」は父親の経営する純喫茶店「ブラジル」の地下で誕生する。その「ブラジル」の地下は〝世界のコーヒー〟をテーマとした珈琲専門店のはしりのような店だったが、経営が思わしくなかった。一方一、二階の純喫茶は隣の美人喫茶「エルザ」に押され気味だったとはいえ、利益を出していた。

ジャズに夢中になって渋谷のジャズ喫茶に通ったり、バンドに入って演奏したりしていた高校生の彼は、地下をジャズ喫茶に切り替えることを父親に提案。父親もモダンジャズには疎かったが、それまでのダンス音楽としてのジャズには詳しかった。店に来ていた武蔵野美大の学生達に聴き取り調査をすると「ジャズはすごく受けるのではないか」という反応。

そこで思い切ってジャズ喫茶に業態転換することを決断。「ファンキー」はそうやって誕生した。

野口伊織氏

「ファンキー」は「ブラジル」の地下にあった

「ファンキー」という言葉には素朴で情熱的な、素敵なという意味があるが、父清一氏が街に向けて発信しようとした意志も、その店名に表現されていった。

伊織氏もそれまでウエストコーストジャズを中心に聴いていたので、モダンジャズの知識は偏っていた。そこでジャズ評論家として「スイングジャーナル」誌に関わっていた岩浪洋三さんにアドバイスをもらい、流行りのレコードを数百枚揃えてもらった。

▼ロックへの進出、そして脱鑑賞店へ

開店と同時にこの店はブレークした。伊織氏は、店では音楽監督のような感じで関わっていった。慶応大学在学中はKMPニューサウンドオーケストラでアルトサックスを担当し、ジャズ演奏者としても活躍していった。オーディオにも凝りだした伊織氏は卒業して間もなく、世界の名機を買い集め、地下と一階と二階の三層を全て「ファンキー」にし、各階全然違うサウンドシステムを取り入れ、それぞれ異なった雰囲気を楽しめるようにした。

地下と一階は同じ音楽で典型的なジャズ喫茶、二階はボーカル専門で応接間的な雰囲気にした。この新規開店が六六年のことであった。地下と一階は「お話厳禁」の典型的な鑑賞店。そこに新譜を一刻も早く聴きたいお客が時を競うように殺到してきた。二階はバーカウンターを設け、簡単な料理やアルコールも用意し、会話をしながらボーカルを聴いてもらおうというコンセプトであった。

七〇年にはロック喫茶「Ｂｅ－Ｂｏｐ」を南口にオープンさせた。地下一階と二階の店で、二階

は小綺麗なデートスポット用のスペースにして、音も小さく絞られ会話もできた。しかし、地下に降りると耳をつんざく轟音が渦巻いていた。ラジカルなロック信者が集まる異空間がそこにはあった。

野口氏は当初ジャズとロックを一緒にかけようと思った。しかし開店と同時にロックのお客さんが怒濤のように押し寄せてきた。結局、お客の動向を見てロック専門の店にしていった。テーブルも椅子も壁も黒で統一された店内にはファッショナブルな人達が詰めかけた。モデルや文化人もやってきた。いつも行列状態だったという。

七二年には北口の路地の一角に「アウトバック」と「赤毛とそばかす」を開いている。両店ともスピーカーに向かって黙って聴く鑑賞店タイプの店だった。「アウトバック」はジャズ系クロスオーバーミュージックを主体とした店で、スピーカーもそれに一番マッチしたユニットを選び、チューニングにも気を使っていった。

「赤毛とそばかす」はロック喫茶だった。アルテックのスピーカーから大音量でロックが流れ、店内は私語禁止。なぜか天井にはアメリカ国旗が張られていた。アメリカンロックに強い店のためだったのだろうか。

アルテックスピーカーの間にお地蔵さんが置かれていた。「赤毛とそばかす」を愛してやまない人達は、この事実を知っていても別に気にもとめなかったようだ。伊織氏のハチャメチャな試みにもう慣れ親しんできたからだろうか。しかしこの神聖なロック道場のような店は今はない。

七三年、旧伊勢丹の脇に出来た横丁、プチロードで「西洋乞食」を開店させている。ここは伊織氏が、鑑賞店から初めて脱出した記念すべき店であった。店内装飾の大胆な実験も行なっている。以前はカレーライス屋だったが、厨房だけを壊し、後は部分的に改修しただけ。前のインテリアをなるべくそのままにし、新たなインテリアをつけ加えアンティークムードあふれるアンバランス感覚をねらってみた。

そうやってジャズの鑑賞店ではなく、ジャズも聴かせる飲食や会話を楽しめる場「西洋乞食」はでき上がっていった。

脱鑑賞店の流れは七五年の「サムタイム」の開店で決定的になっていく。この店もサンロード商店街から伊勢丹に抜ける路地の一角に造られた。地下のこの店は現在でも燦然と輝いている伊織氏の代表作であり、吉祥寺が誇るジャズスポットである。

ここは初のジャズ専門のライブハウス。三十坪とやや大きめの空間に、ニューヨークやシカゴの裏通りにあるジャズスポットのイメージを持ち込もうとした。

コンクリート打ちっ放しの空間、そこに鉄骨と本物のレンガを組み合わせる。そこから生まれる冷たさをアンティークな材料で中和させるという彼のデザインイメージは、実施設計の中で行き詰まり、内装業者が推す設計家、福井英晴氏を導入せざるをえなかった。

この二人の組み合わせは思わぬ効果を生むことになった。自分のイメージを頑固なまでに押し進める依頼主と、それを全て受け入れるかのような態度をとりながらいつの間にか自分のイメージで修正を加えてくる設計家との出会いは、依頼主の期待以上の結果を生むことになった。

グランドピアノを部屋の真ん中に配置したピアノホール「サムタイム」はそうやってでき上がっていった。飲んだり食べたりしながら会話を楽しみ、ライブを楽しむこの店は、三十五、六年を経た今でもその姿を変えていないし、人気も衰えない。

▼フードサービスビジネスへの挑戦「レモンドロップ」

次々とジャズスポットを立ち上げ、そのたびに新しい刺激を与え続けてきた伊織氏は、街でも話題の人になっていた。先述したように好奇心を奮い立たせることや物に鋭い触覚を伸ばしていった彼は、店のお客さんの動向にも敏感だった。鑑賞店が衰退してくるや、先端的な若者達の過ごし方を察知し、パブ形態を採り入れたりして集客増を図っていった。

七〇年代の後半、一年ごとに新しいジャズスポットを作っていくが、八〇年に突然ケーキショップ「レモンドロップ」を開業した。知り合いのケーキ屋さんから「やってみたら」と勧められたこのケーキショップ。駅南口近くで、かつてロック喫茶で話題を集めた「Ｂｅ‐Ｂｏｐ」のあった場所だった。彼は時代の変化に対応してどんどん店を替えて新しいメッセージを打ち出していく。これは父清一氏ゆずりのフットワークの良さだ。

ジャズ喫茶で名をなした野口氏がなぜ、という疑問と驚きが周囲にはあったが、なんのてらいもなく軽々とこんな業態転換をやってしまうのがいかにも彼らしい。

「サムタイム」

「レモンドロップ」

六〇年代から七〇年代前半に至るジャズ喫茶への若者の熱気が冷え始めたという直感と、この街でこんな店をやってみたいと欲する少年のような熱情とが、次々と新しい業態の開発へと向かわせた。

現在この「レモンドロップ」本店は、ハモニカ横丁の西側、行政的には一九〇号線、通称「武蔵通り」（昔の「ツバメ通り」）に移転して、お洒落な店を構えるようになったが、吉祥寺を訪れる女性達にとっては今や老舗の名店のひとつとなっている。

しつこくない甘さとまろやかな食感が売りのチーズケーキの人気がすごい。白とレモンイエローを基調としたこの店の外観や内装は明るく清潔。二十六席の客席で道行く人を眺めながらゆったりした時間を過ごす。そんな時空間を愛する女性ファンが多い。

▼変幻自在の店づくり

八六年には和食の世界に入っていった。もともと鯨飲馬食の人。好奇心も手伝って毎晩飲み歩き、食べ歩いていた。むろん和食の店にも好奇の目を向けていた。最初に試みたのがヨドバシカメラの前の地下物件。

宇都宮郊外の大谷石採石場を見学した際、地下深く掘られた洞窟状の巨大な採石場に圧倒された。大谷石で囲まれた店を造ってみたいと考えた彼は、その実験をこの地下物件に求めた。大谷石で造られた空間にふさわしい業態をイメージした時、創作性豊かな和食の世界が浮き上がっていった。

そう思ったら走るのは速い。北海道に渡って前から気に入っていた和食の板前を口説き、連れてきてしまった。「MARU」はそうやってできていった。

八九年には和食二号店を東急百貨店裏に造った。外階段を四階まで昇ってやっとたどりつくこの店は日本酒や焼酎の品揃えに力を入れた。コンクリート打ちっ放しの空間に木調の家具で温かみを出した店内は隠れ家的雰囲気。ジャズが心地良く聴こえてくる。この「蔵」も日本酒好きの常連が多く人気は衰えない。

それから今でも超人気店となっている「金の猿」が九七年にできている。井の頭公園の入口。以前旅館だった場所がビル化された折にその二階に入居した。公園を借景に採り入れた絶好のロケーションであった。この時初めて世界的に名の知れた杉本貴志氏を店舗デザイナーに使った。杉本貴志氏も野口氏に前から注目していて、指名された時は「やっと彼から指名されたか」と大変喜んだようだ。

重厚な中に柔らかさを保ち、公園の四季が移り変わる様子を店内いっぱいに採りこんでいく内装は、お客に贅沢な時間を与えてくれる。料理も一品料理を七、八〇〇円で揃え、酒と共に楽しめるメニューが用意されている。コース料理も昼には三五〇〇円のミニ会席が、夜には五〇〇〇円と七〇〇〇円の会席があって、この店の雰囲気からしたら驚くほど安い。だから予約をとるのも大変だ。

九五年には「レモンドロップ」本店がある建物の地下で和食店「でんでん丸」を開店しているが、その後料理と店名を変え「うつぼ」に。さらにその「うつぼ」のコンセプトと店名を変更して二〇〇〇年に「わらう月」をオープンさせている。

自分を突き動かした発想を大切にしながらも、自分の納得のいくかたちになるまで創っては壊し、壊しては造る。彼らしいしなやかなねばり腰が、見事に表われた店といえるだろう。

洋食の世界では、八七年の「カッペリ」が注目される。元町通りからダイヤ街に抜ける横丁にあるこの店は開店当初はイタリア料理店だったが、その後「オールドクロウ」という名に変えてバーボン専門のパブにした。その店の売上に占める料理の比率が高くなってきた時、イタリアからピザ釜を輸入して本格的なピザを提供した。その料理の評判がいつの間にか業態まで変えることになり、今ではバーボンホールではなくイタリア料理店に戻っている。ここでも創造＝破壊がこともなげに行なわれていたわけである。

ジャズスポットをいくつも造って吉祥寺の街に影響を与えた彼は、このようにケーキショップを始めたり、和食店を開いたり、イタリア料理店を復活させたりしていった。事業家として一見節操がないように見えるのだが、その一つ一つの業態に取り組む姿勢は半端ではなく、各ジャンルで専門店としての高い評価を得ている。しかもそこで打ち出しているメッセージは全て「愉快に、楽しく、素敵にいこうぜ」ということで統一されているような気がする。

八四年の「ブルータス」の中の「伊達男たちの生活美」で彼の全てを言い当てている文章を見つけた。引用させてもらう。

「優れたジャズは、規則とか抑圧というものを決して持たない。そのくせデタラメなわけではなく、おっとりしすぎてインパクトがなくなるわけでもない。だから強引な規制の下に構築された音楽よりもずっとしなやかで腰が強い。その上ユーモアも含んでいるし色気もある。そして、何よりも言葉や理屈で正確に表現できないのが特徴だ。こう考えれば、野口氏の生き方そのものが優れたジャズのように見えてくる」

そうなのだと思う。彼はジャズっぽく、状況とフュージョンしながら生きてきた。

▼父から受け継いだDNA

最後にジャズと共に、というよりジャズのように生きた野口伊織という特異な人間はどのようにして形成されたのだろうか。それを探るには、最も大きな影響を受けた父清一氏の存在抜きには考えられない。

NPO吉祥寺インターネット向上委員会のインタビュー（九九年）に伊織氏は父をこう語っている。「父はものすごくおもしろい人で物事を凝縮してやるタイプだから、変わった店をやってきた」。体を壊した父に代わって事業展開した母より「父のほうが型破りでおもしろかった。FUNKYには武蔵美の学生がいっぱい来るのに、自分の描いた描きなぐりのポスターなんか壁にボンボン貼ったし」「父は昔から店はやっていたけど、一軒やってはやめて、また一軒やってはやめてというタイプなの。ものすごく発想はおもしろいけど、アバウトな人だから」。

伊織氏が父のことを語った内容は、そのまま自分にもあてはまっている。事業家としての幅広さや奥行きは別にしてではあるが。ともかくダンディな人だったようだ。帽子、メガネ、腕時計、靴など身につけるもの全てにこだわり香水も欠かすことがなかった。

銀座で「ブラックバード」（銀座四丁目あずま通り）や「ブランズウイック」（同二丁目）などの喫茶店を経営した。銀座の喫茶店がモダンだった時代がある。また彼は若い頃一九二〇年代、三〇年代のモダン都市東京を象徴していた浅草に憧れ、一九二九年に設立されたカジノ・フォーリー（エノケンこと榎本健一が代表者の一人だった）にタップダンサーとして出演していた。足を故障し、その道はあきらめ、喫茶店経営に乗り出すのだが、東京が最もモダンになっていった時に、そのモダニズムを身につけて颯爽と戦前戦後を生きぬいてきた清一氏の生き様は、この吉祥寺の街そのものの中に息子伊織氏を通して今でも息づいているようだ。

▼「ジャズに生きる」寺島靖国氏と「メグ」

吉祥寺の東側、本町のビル二階でジャズ喫茶の名店「メグ」をスタートさせた寺島靖国氏は、たえず野口伊織氏を意識していた。この店をオープンさせる時にも、「ファンキー」の成功が心の支えになっていた。しかしジャズに対する姿勢が二人は根本のところで違っていた。街で会っても顔をそむける関係だった二人は、ジャズに関する議論になるとお互い譲ることがなかった。野口氏は変化するところにジャズの本質があるのだから、変化を楽しんでいけばいい、という考え方が基本にあった。しかし、寺島氏は演奏スタイルの変化は当然だとしながら、ジャズはジャズであり、フ

「メグ」の内部

リージャズやフュージョンジャズは「評価できない」と言って変化にブレーキをかける姿勢を貫いた。

寺島氏は野口氏との違いを次のように抽象化してどなりあった。「寺島はジャズに生きるが、野口はジャズで生きている」。要するに野口氏はジャズを手段として事業家の道を歩んでいると揶揄しているわけだ。

またこうも言っている。「野口は百貨店で、寺島は個人商店だ」。現象的に見ればそう言えないこともないのだが、寺島氏のジャズの喫茶オーナーとしての野口氏に対する皮肉も混じっていることは言うまでもない。ロックもジャズとして聴き、クロスオーバーしながら変化していくジャズもジャズだとする野口氏にとって、寺島氏はあまりにも求道者すぎる人と思えたのかもしれない。

たしかに寺島氏はジャズの求道者であるように思える。例えばジョン・コルトレーンに対する評価に、それはよく表われている。コルトレーンはジャズ界で神様扱いされているが、自分は「肌が合わない」と公然と言ってのける。「コルトレーンのテナー・サックスは女性的すぎる」「節がケチなんですよ」「あれはジャズの宗教なんですよ」と平然と切って捨てる。そしてライバルの「ファンキー」のコルトレーン評価に対して批判的であった。

そんな彼も、五〇年代、六〇年代のジャズの熱気が七〇年代、八〇年代にどんどん冷めていった事実には真剣に向き合っていた。七五年にプチロードで、野口氏に張り合うように出店していった四つの店（「モア」「スクラッチ」「ボニーアンドクライド」「ジョンヘンリーズスタディ」）では、ジャズは鑑賞店のそれではなく喫茶のＢＧＭとして流していった。もう時代が変わり、かつてのジャズファンが大人になり、大人のジャズ喫茶を求め始めていたことを察知してのことであった。

また五〇年代、六〇年代は演奏スタイルを競う時代であったし、聴くほうもその新しいスタイルに我先にと飛びついていった。そしてジャズファンはその難解さを理解することが知的アクセサリーになった時代だった。彼女を連れてきて己の〝知性〟を誇らしく見せた。しかし七〇年代以降はその演奏スタイルも聴くほうのスタイルも出尽くしてしまった。熱は急に冷めていった。

現代は演奏スタイルではなく、音楽そのもので勝負する時代になった。そう寺島氏は分析する。クロスオーバーやフリージャズを受け入れようとしない寺島氏だが、変化そのものを否定しているわけではない。彼は「ジャズの送り手にはタイプがいくつあってもいいし、受け手のほうにもタイプはいくつあってもいい」ともいう。時代の空気そのものによって揺れ動いていく変化に、寺島氏は求道者として一生懸命対応している。彼はそれをジャズ評論家という立場から追い続けている。

▼ジャズ評論家としてもライバル

早大文学部独文科を出た彼は「スイングジャーナル」「オーディオアクセサリー」「ステレオ」「レコード芸術」などにジャズ、オーディオに関する評論、エッセイを発表し続けている。また著書も多い。何ものにも臆さない辛口な評論は、ユーモアに溢れた読みやすい表現能力に支えられて多くのファンを惹きつけている。ちなみに野口氏も「スイングジャーナル」でジャズ評論を発表していた。彼も素晴らしい文章を書いている。寺島氏もそれはすごく評価していて「彼は実にうまい」とほめちぎる。

かつて「スイングジャーナル」はこの二人にとって絶対的で、聖書のような存在だった。時代の表皮の変化を音で表現していくジャズには、言葉でそれを読めるものとするメディアが必要だった。ジャズ評論家はそういう意味では聖人に等しかった。寺島氏はそこでジャズを貪欲に吸収していったという。

やがてこの「スイングジャーナル」も別の分野からジャズを評論するのも必要なのでは、という立場をとり始める。その段階からジャズ喫茶のオーナーが語り始めていった。この二人もレコード評を書いたり座談会に出たりしていった。

しかしこの「スイングジャーナル」は、時代の変化には勝てず部数が年々減少し、広告収入も減り、二〇一〇年の七月号をもって休刊となり、六十三年間の幕を閉じた。

2　フォークやロック、シャンソンも元気だった

▼ライブハウス「曼荼羅」は若いミュージシャンを産卵させていった

「ファンキー」や「メグ」がジャズで吉祥寺に新しい風を吹き込んでいた時期に、それに呼応するようにフォークやロックのライブハウスがこの街で咆哮し始めた。

吉祥寺では東急百貨店裏の「ぐゎらん堂」がフォークのライブで若者達を熱狂させていた。そこには高田渡、中川五郎、友部正人、三上寛、シバ、南正人などが出演していた。七〇年代の前半のことだった。

七〇年代の後半には加藤幸和氏が経営する「のろ」がフォークのライブの勢いを引き継いでいく。ここでも高田渡が中心になって活躍していた。近年「おやじバンド」で名を売ったこの店は、最近「メグ」の入るビルの一階に移転し、七〇年代時代、フォークソングで癒された人々が懐かしんで訪れてくる。

一九七四年、ロックのライブハウス「曼荼羅」が井の頭通り沿いにオープンした。ポスターが壁いっぱいに貼られた階段を降りていくと真正面に大きな黒いコントラバスが出迎える。トルコの石窟修道院をイメージしたという店内はエキゾチックで神秘的でさえある。ステージと客席が一体化してお客がステージに飲み込まれそう。

ここは若いミュージシャンの登竜門としても親しまれてきたが、今では老舗のライブハウスとなった。昔はライブハウスは少なかったし、ミュージシャンも多くなかった。むろん客も少なかった。

オーナーの渡部洪氏は、すでに七一年に浦和で同名の店を開店していた。ジャズ喫茶だったが、真っ赤な壁面と白のピアノの店内での週末のライブに、ロックファンが集まった。やがて彼らの溜まり場になっていた。しかし、火事で焼失してしまった。吉祥寺は当初二号店のつもりだったのだが、急遽本店として営業。浦和で出演していたミュージシャンに出てもらった。お客も浦和のお客がやってきた。そうやって出発した「曼荼羅」は名前がどんどん知れ渡り、中央線沿線で最も名の通ったライブハウスに成長していった。

▼〝次世代〟を育成するという課題

すでに七〇年代の吉祥寺には、サブカルチャーが育ちやすい土壌がつくられていたといえるだろう。その後「ＭＡＮＤＡ－ＬＡ２」を末広通りに、「STAR PINE'S CAFE」をヨドバシ北側横丁に出店して多様なライブを展開していった。「ＭＡＮＤＡ－ＬＡ２」は前世紀の地層をモチーフにしたインテリア。音楽はもちろん、若者、ダンス等幅広いジャンルのパフォーマンスが毎日繰り広げられている。食べ、飲み、ライブする楽しいライブハウスを目指している。

九七年にオープンした「STAR PINE'S CAFE」は地下二階吹き抜けの開放感あふれる店だ。ここでは週末の深夜は「S・P・C・NITE」というクラブに変身する。光と音の饗宴が朝まで繰り広げられる刺激的な時空間になっている。

最も新しい「ロックジョイントGB」は世紀末に出現したニューワールドをテーマにしている。ここでは夏に二十二歳以下限定のコンテストを開催していて、次の世代にライブをどうつなげていくかを追い求めている。

曼荼羅グループは今、十代の人達、ライブに来ない子ども達とどうコミュニケーションしていくか、という大きな課題に取り組んでいる。今のライブハウスの出演者達は、選んでもらおうという意識が稀薄で、デモテープもあまり送られてこないという。しかも先輩、後輩の意識もあまりなく、他者を見て覚えようという気概も薄い。そんなところに危機感を持っている。〝次の世代を作る〟ということの課題はまだ始まったばかりだが、年々盛り上がっている。この若い世代からはデモテープがどんどん送られて来るようになったという。

この曼荼羅グループはスタジオや喫茶店も経営している。渡部洪氏は商売以前に〝居場所〟作りを意識する。スタジオもミュージシャンの居場所作りを考えた結果。練習する部屋だけでなく収録もできる部屋もある。

五日市街道沿いにある「スタジオ・レダ」は、隣の家の樹林を借景にとり入れた居心地のいい空間デザインを施されている。〝アリスの小径〟と名づけている各部屋に通じる廊下はゆるやかにカーブしていて気分がいい。新建材はどこにも使われていない。スタジオといってもあくまでミュージシャンの居場所を意識しているので効率的とか能率的という発想は排除していった。

▼フォークのライブ「のろ」の復活

「ぐゎらん堂」から「のろ」へ、フォークのライブは続いていく。一九七六年、「いせや」斜め前の横丁の一角で加藤幸和氏は「のろ」をオープンさせた。まだ「ぐゎらん堂」のライブが人気を集めていた頃である。

電器設計技師としてサラリーマンをやってきた加藤氏は、音楽好きが嵩じ脱サラしてライブハウスをつくってしまった。

当時フォーク界の寵児であり「ぐゎらん堂」でも中心的なメンバーだった高田渡に大切にされ、彼を中心にライブを展開することができた。月に数回やっていたライブには高田渡が紹介してくれたミュージシャンたちも出演してくれた。「ぐゎらん堂」に入りきれない人たちがお客として来てくれたのもありがたかった。

いつの間にか七〇年代の後半をかざるフォーク中心のライブハウスとして全国的に知れ渡るようになっていった。

この店はまたアマチュアでもオーディションに合格すれば演奏できるというシステムでも知られていた。そんな発想の延長線上であろうか。「NOROおやじバンド」というバンドの〝学校〟を二〇〇六年から開き、話題を呼んだ。

中高年の男女が中心でもちろん素人。「今まで演奏したりバンドをやった経験のない人こそ楽器演奏の楽しさを体験してほしい」という加藤氏の思いから出発している。三カ月に一度の発表会に向けて一月に一、二度、店の休業日を利用して練習が行なわれていた。

しかし、二〇〇九年十月、三十三年間の歴史をいったん閉じたが、二〇一〇年三月には「メグ」があるビルの一階で再びオープンした。加藤幸和氏はいぜん健在で、再びライブを始めている。いま再びフォークが静かに復活し始めている。そんな時代気分をかぎわけているようだ。

▼シャンソンも街の空気になっていた「ラ・ベル・エポック」

七〇年代、ジャズやロックが吉祥寺の街をガスのように覆いつくしていたが、それに揺り動かされるような形でシャンソンもまた元気が良かった。当初北口の元町通りで開業した「ラ・ベル・エポック」は、二年後の七四年に南口の本屋の二階に移転して本格的なシャンソニエとして人気を博していった。

「古き良き時代」を意味する店名にふさわしく、十九世紀末のパリの空間を飾ったアール・ヌーボー調のインテリア。在日フランス大使をして「パリよりパリらしい」と驚かせたエキゾチックでクラシックな異空間。

盛況が続き「東の銀巴里、西のベル・エポック」と評されるようになっていった。そこではシャンソン歌手の第一人者石井好子を始め、金子由香里、故中原美紗緒、クミコ、有馬泉らが出演していた。寛仁親王殿下や高村正彦元外相らの著名人もこの店の常連だった。

店の人気は相変わらず続いていたが、八〇年大スターだった越路吹雪が死去し、九〇年代に「銀巴里」が閉店する。八〇年代の後半にはシャンソンブームが去り、この人気店からもお客はどんどん遠ざかっていった。赤字経営が続くようになっていった。一日に四、五人しか客が来ない閑散とした日が続いた。

勝見氏は、それでも灯を消してはならないと資金繰りにかけずり回った。出演者のギャラを稼ぐためにパチンコ屋通いまでしたという。しかし創業三十五年を経て二〇〇九年についに閉店を余儀なくされた。閉店を知ったメディアは別れを惜しむ客で賑わう、店の様子を追い、大きな記事でその歴史の意味を語った。

「思い返せば全盛期よりも苦しんだほうが格段に長かった」と勝見氏は東京新聞で語っていたが、シャンソンとそれを取り巻く人達の存在が、経営難であっても簡単には店を手放すことをさせなかったのだろう。

彼は二十七歳で初めて店を持ったのもここ吉祥寺だった。井の頭通りから南に一本入った路地の一角で、バー「北欧酒家」という小さなお店を始めた。その前に荻窪の教会通りの「一夢」というバーで約三年間、バーテンダーとして働いていて技術をマスターしていた。三五万円の自己資金と彼の人柄を買っていた酒屋さんが投資した三五万円、計七〇万円で出した五坪程度の店だが、常連客をしっかり作っていった。

南口の花屋さん「静かな花園」の地下に当時「左岸」というシャンソニエがあった。内部のゴタゴタで閉店することになって歌い手達が出演場所に困っていた。それを聞いた勝見氏は、「北欧酒家」の二階が空室だったことから、ここにシャンソニエをもってきたらいいと男気を見せて「シャンゼリゼ」を開いてしまった。それがシャンソンとの出会いだった。

それがきっかけになって「ラ・ベル・エポック」へとつながった。店のデザインはいつも自分で手がけた。アール・ヌーボー調の店は一度も渡仏経験がないにもかかわらず、資料を調べながら自分一人でイメージデザインを造り上げた。その実績を知った知人から飲食店の店舗デザインを頼まれるようになり十店舗近くの店づくりを手がけている。

おそらく若い時にいた演劇の世界で、大道具、小道具、証明等の裏方の仕事をしながら身につけた能力を活かしたのだろう。

▼小樽から釜ヶ崎へ

彼は音楽を本格的に勉強していたわけではない。シャンソンとも無縁だった。そんな彼がシャンソンと三十五年間以上も付き合ってきた背景には、どうも若い時の原体験が影響しているようだ。

中国・青島から引き揚げてきた彼は北海道・小樽で少青年期を過ごしている。役者になりたかった彼は緑陵高校の時代には演劇部長となり、また「ムーランルージュ」の残党がいた「土曜座」という劇団に籍をおいた。「前進座」の地方公演では裏方の手伝いも積極的に行なった。やがて上京。小樽公演の折「一度寄ってみたら」と声をかけられた「前進座」を訪れ、その稽古風景を覗いて「ついていけない」と判断し演劇の世界をあきらめる。

挫折を味わい目的を失った勝見氏は、大阪の釜が崎のドヤ街に潜り込み、三十円の弁当で空腹をしのぎながら解体業などの日雇労働で生活していた。入れ墨をした肉体労働者達が花札に興じ、おじいさんが毎日お経を読んでいるというドヤ街の風景を見ながら彼は、やがて「このままではいけない」と思うようになっていった。「半田屋」という居酒屋の動物園前店で働きはじめて精気を取り戻し始めた彼は、東京に舞い戻った。

上京してからもロイヤルナイツのマネージャーをやったり、ロミ山田の個人マネージャーをやったりして、やっと荻窪の「一夢」にたどりついていくわけだが、その若い頃の原体験がシャンソンと向き合わせていったのかも知れない。恋や孤独や絶望や老いを歌うシャンソンは、彼の生き方そのものになっていったといえる。

ジャズやロックのように規制や抑圧から自由になろうというエネルギーの噴出はシャンソンにはない。日常の中でしばしば出会う悲しみや苦しみ、そして喜びを肯定しながら、内面のほうにどんどん向かってそれに耐えようとする。それを歌い上げる。そんなシャンソンを彼は誰よりも愛して

「ラ・ベル・エポック」の内部

いった。

「ラ・ベル・エポック」閉店後、彼はシャンソンから離れることができず、辻芸人となって一人街角に立ってシャンソンを歌い歩くことを決意した。

体調を崩してそれは長続きはしなかったが、それでも今はシャンソン教室を開いて多くの生徒にシャンソンを教えている。毎年パリ祭の時にはその生徒たちの発表会を兼ねたコンサートが開催されている。

3 映画と写真の街

▼映画文化を守り続ける本田拓夫氏

サンロードを北上して五日市街道にぶつかる手前左側に、横丁風な空間構成を取り入れたお洒落な建物がある。映画館を三軒組み込んだ「バウスシアター」がそれである。再開発による商店街の発展によって裏側に押し込められてしまっている雰囲気だが、今では映画文化の発信基地となっていて映画ファンのメッカになっている。

「バウス1」は定員二一八人と一番大きいシアターだ。常に洋画の大作・話題作を中心に上演するが、劇場の特質を活かしてライブが行なわれたり、落語なども催されている。「武蔵野映画劇場」が老朽化のため取り壊され、一九八四年にこの「バウスシアター」で再出発する時、本田拓夫氏は、今は亡き兄の萌氏と相談して多目的な劇場にしようと決めたことがこの「バウス1」で活かされている。ステージも広くイベントが組みやすい。照明も自由に変化させることができる。スクリーンも可動式なので映画上演からイベントへの転換がすぐできる。

「バウス2」は定員五〇名のミニシアター。アート系作品の専門館だが、テーマごとの特殊上映も行っている。

「バウス3」は定員一〇五名。二〇〇〇年四月に新設されたシアター。やや特徴のある洋画や邦画を中心に上映している。丸の内ピカデリー2・3や新宿ピカデリー系の作品を多く上映している。

斜陽産業と言われて久しい映画産業だが、吉祥寺では全盛期八館あった映画館は多くは消えてしまったものの、現在もバウスシアターの三館も含めて八館あるというのは驚くべき事実である。それだけ文豪、文士、画家、ミュージシャン、演劇人達が育んできた吉祥寺の文化的土壌が、そのような事実をなり立たせているのだろう。

商業の発展によって裏側に追いやられた感じの映画館。本田氏も「我々は黒子的存在なのだ」という。エンターテインメントビジネスは、都市の再開発の中ではいつでも脇や裏に追いやられる。そして裏側から表を支えていく。この光と影がしっかりできているところに、都市の生活者は己の精神世界が投影されているように感じ、限りなく引きつけられていくのだ。

▼「バウスシアター」の前身「武蔵野映画劇場」

「バウスシアター」の前身である「武蔵野映画劇場」は、娯楽の少なかった時代、庶民が映画館に殺到した全盛期に本田氏の父、實男氏によって建てられた。当初は地元文化人達の要望にそってヨーロッパ映画中心の劇場として出発した。實男氏は当時、今の東急百貨店の前あたりに「井の頭会館」という松竹系の映画館を持っていた。五〇年代は客が入り切れないほどの盛況ぶりだったところから、二号館として「武蔵野映画劇場」は設けられたのだった。

当時は許認可が厳しく、映画館としての許可がなかなかおりなかったので「ルーテル」という教会を建てる、という名目で建築許可をとった。だから初めは「ルーテル」という名の映画館だったようだ。

この映画館には特別室が設けてあった。警察署や消防署の人達の〝視察〟を名目とした場所だったが、空いている時には俳優や監督達がやってきては洋画に見入っていた。三國連太郎や黒澤明もやってきたという。

しかし、ヨーロッパ映画は一般庶民からすると暗く重いテーマが多かった。まだまだ戦後の生活難が続いていた時代。自分の生活と重なってしまうそれらの映画には人気が集まらなかった。そんな状況が十年位続いた後、五〇年代後半からハリウッド映画が登場する。遠いアメリカの夢のような物語の展開は、暗い生活の中で光を見つけようとあがいていた庶民を引きつけていった。「武蔵野映画劇場」もむろんハリウッド映画にシフトして活況を呈するようになった。

やがて映画産業がテレビの影響で急速に斜陽していく。實男氏の持つ二つの映画館もその影響を受けていくのだが、「武蔵野映画劇場」は、吉祥寺文化に欠かせない存在となって再開発後もその存在を誇示し続けた。そして息子達の「バウスシアター」にバトンタッチされていくのだが、二人の息子達がそこで目指した多目的な劇場構想は、なんと大正四年に設立された「井の頭会館」で父がやろうとしたことと類似していることに驚かされる。

街における映画館の存在意味の捉え方が似ているのである。DNAがしっかり受け継がれているといえるだろう。

▼戦前に遡る「井の頭会館」の由緒

そもそもこの「井の頭会館」は「村に娯楽場を作ろう」と思い立った村の有力者達が株を募って始めた施設だった。しかし、その有力者達はその施設を活用する方法がわからなかった。選挙事務所に使ったり、集会場にしたりする以外になかった。

そこで目をつけられたのが本田兄弟だった。実家は青森の漁場で網元をやっていた。七人兄弟の大世帯。大漁の時はいいが不漁の時はどん底の生活を繰り返す。兄弟で放浪。兄の萌氏は三味線、弟の實男氏は古いギターを弾き、それで小銭を稼ぎながら旅をして東京に流れ着いた。飯場暮らしもやったし、木こりもやった。實男氏は豪放磊落な一方、繊細でシャイな人だった、と息子の拓夫氏は言う。興行師の要素もあったのだろう。そこを、村の有力者達は買ったようだ。

「井の頭会館」の四代目に推挙されてから實男氏の才能は活かされていく（ちなみに兄の萌氏は三代目）。浪花節や新内などの色物をやり無声映画をやった。兄萌氏が弁士の資格を持っていたので、實男氏も見よう見まねでやっていた。かの広沢虎三も徳川夢声もやって来た。

「バウスシアター」

「東京音体(藤村音楽体操学校)」の跡地、後方の校舎あたりは「伊勢丹」になった
1966年撮影。「鈴木育夫写真作品集」より

しかし浅草にモダニズムが浸透し始めた二〇年代、そのモダニズムをこの村にも持ってきたいという一部の人達の気持ちがあっても、吉祥寺ではまだ根付く土壌が育ってなかった。

それでも実男氏はめげずに興行を打っていった。伊勢丹が来る前の「東京音体」の前で女子プロレスが開かれたり、今ハモニカ横丁である場所でろくろっ首や大蛇のショーなども行なったりしていた。

「井の頭会館」が事業として軌道に乗りだすのは、映画がトーキーの時代になってから。映画館として名が知れるようになる。四〇年代後半からのことだった。先述したように、それが戦後の娯楽のない時代と重なって一挙に盛況の時を迎えていく。俳優や監督達もその頃からここにやってきていた。映画の内容によっては吉祥寺の駅まで長蛇の列ができたという。

實男氏は、若い時に放浪しながら身につけた遊び心が、吉祥寺に来て興行の世界で開花した。映画館経営で実を結んでいくことになるのだが、それは生活のためだったとはいえ、街になくてはならない娯楽を提供し続けてきたことになる。そういう意味で吉祥寺文化の担い手であったのは間違いない。

それが今、拓夫氏の「バウスシアター」と彼の街づくりの活動の中に血となって流れ継いでいる。

▼今と昔を結びつけた「らかんスタジオ」の鈴木育男氏

平和通りと吉祥寺公園通りが交差する角、パルコの斜め前に「らかんスタジオ」はある。一階には小綺麗な受付があって、従業員が丁寧な応対をしている。

記念すべき写真を撮ってもらおうとするお客であるから、嫌な思いはさせられない。そんな気遣いが応接する態度に表われていて気持ちいい。写真スタジオは今時、老夫婦が細々と運営しているのだろうと思ったら、ここでは大間違いだ。ひっきりなしにお客がやってきて二階のスタジオに上がって行く。

この「らかんスタジオ」は一九三五年の創業だから古い。ビルになる前は外観もアメリカの都会の中にありそうな、洒落たデザインが施されていた。

会長の鈴木育男氏は創業の時はまだ四歳。しかし終戦の時には十四歳、多感な年頃になっていた。彼は終戦直後の混沌とした街、人間の肌と肌が触れ合う湿りのある街をじっと視角の中に捉えていた。そしてシャッターを押し続けていた。しつこいくらいに街のディテイルを追いかけていた。

戦前は「一丁目町会通り」と呼ばれていた今の「平和通り」を、スタジオが同じ通りにあったということもあって、定点観測のように撮り続けていった。「平和通り」のヨシズ張りのアーケードを上から撮影した写真もある（五三年撮影）。柔らかくしなやかな商人達の息遣いが聞こえてきそうだ。

外国人のように整った顔立ちの山本きみさんが商っている卵屋の風景（八五年撮影）などは、すでに日本から失われた貴重な光景だ。当時高級品だった卵を新聞紙で手際よく包むその動作が俊敏で、それを記憶している人がこの吉祥寺では今でも多い。

「らかんスタジオ」1930年代の撮影。「鈴木育夫写真作品集」より

鶏卵専門店の山本きみさん、1985年撮影。「鈴木育夫写真作品集」より

▼時代の証人

「らかんスタジオ」の近くに「梅渓堂」という本屋さんが、五四年当時の写真に映っている。実はここで店員として働いていた二人の子持ちの女性がハモニカ横丁の西側で「音羽屋」（47、55頁）という飲み屋をやることになり、何かと面倒を見てやっていた。その関係もあって育男氏は闇市にできたその店の内部にまでカメラを入れ、親子の姿を撮った。その写真によって、今では闇に包まれてしまった店の内部構造をしっかり読みとることができた。

店の奥から梯子で二階に上がってくる女の子。それをシャッターに収める育男氏は、そうやって時間と空間をしっかりと切りとっていった。

戦前か戦争中の「平和通り」の写真の中で、駅方面を「らかんスタジオ」近くから遠望した気になる写真（166頁）があった。左の奥に高い火の見櫓が見えるのだ。育男氏に聞くと、それは今のハモニカ横丁の西側に位置する所にあったという。一番火事に気を配らなくてはならないその場所の真ん中に、昔火の見櫓が建っていたという事実は、古いものと新しいものがつながっている都市空間のおもしろさを見ることもできる。

ハモニカ横丁の西端は「ツバメ通り」といわれて来た（今は「武蔵通り」）。「ツバメパチンコ」があったことからその名がついたらしい。そういえばこのハモニカ横丁の中の「朝日通り」商店街も、朝日というパチンコ屋からその名を取っている。終戦直後、中国人や韓国人が経営したパチンコという遊技場が、いかに勢いを持っていたかがうかがい知れる。

この「ツバメ通り」には、文字通りハモニカのように細分化された飲み屋がぎっしりと並んでいた。それがテキヤの支配から開放されるや、どんどん店は統合されて大型になっていく。「音羽屋」や「やまと」や「バンカー」もこの通りにあった。

育男氏の写真の中に、そのツバメ通りから仲町通り（現ダイヤ街）を越えて北の奥へカメラを向けたものがある。東京音体（現コピス）の方角である。右側に春日という看板と、左に水月という看板が見える。春日は料亭で水月は連れ込み旅館である。再開発が進むにつれこの光景は跡形もなくなるが、水月旅館は後に李朝園が入居している「コスモビル」になった（171頁）。

また、逆方向に撮った写真も印象深い。左側に精肉店「さとう」の以前にあった渡辺青果店が映っている。右はナガシマ電気店だ。犬のケーキ屋の高橋敦子さんの母方の実家である。

▼都市の移ろう姿

八〇年代に入ると、吉祥寺の街はファッショナブルなプロムナードができ多くの来街者で賑わうが、育男氏はそれを追おうとはしていない。むしろ消え去ろうとしているもの、ささやかながら生業を続ける人達にじっと眼差しを向け続けている。そこから都市の移ろう姿を詳細に追おうとしている。

ハモニカ横丁の中で美人で名高い「たちばな」の陽子さんが、カウンターの向こうで微笑んでい

「らかんスタジオ」から駅方向(右手奥)を望む、1938年撮影。
１章中扉(13頁)とほぼ同アングル。火の見櫓あたりが「ハモニカ横丁」
「鈴木育夫写真作品集」より

「三角地帯」(東口通り商店街)、上の写真の反対方向から「平和通り」を見たところ。左手奥にパルコが見える、1982年撮影。「鈴木育夫写真作品集」より

る姿を捉えている。後にかかっているメニューを見ると、八〇年代と今ではあまり値段が変わらないことに気がつく（47頁に写真）。店内の内装も小綺麗に仕上げられていてもうそこは戦後ではない。また育男氏は北口駅前、サンロードに入る手前右側の、いわゆる三角地帯が再開発によって八〇年代に取り払われていった事実を寂しげに振りかえる。

この一角は二十七軒の店がひしめき合っていた。大衆食堂、ラーメン店（ホープ軒）、バー、スナック、喫茶店、寿司店などが路地裏にあり、駅に面しては喫茶店のクラウン、スナック城、中華料理のたつや、ヤマザキパンが並んでいた。吉祥寺に出てきた来街者の視角にまず飛び込んでくる一角である。その混沌とした佇まいが、好奇心をかりたて、あるいはホッとさせる何かがあった。後藤市長から土屋市長に代わり、いよいよ強制執行という段階まで行って、最後は妥協が成立した。やがて店を構えていた人達はそれなりの保証を受けて次の営業場所を確保していった。

育男氏はここで深追いはしていない。政治性を帯びてしまうことを避けたのかもしれない。そして街はいずれ変化を余儀なくされ、裏側にあった部分が削除されていくこともある。そんなことを戦後すぐに街の細部を追い続けた経験から感じとっていたような気がする。

育男氏は街に対して本当にやさしい眼差しを投げかけてきた。彼はスタジオから街に出ることによって街の一角を切り取り、戦後の雑多な細部を無差別的に取り込んだ。その写真がどんな結果になり、どのように評価されるかなどは一度も考えていない。ただ、街と己の関わりを、いとおしむように無心に撮り続けた。カメラを向けた先は対象物だけでなく周辺部まで映しとっている。街の全体をちらちら見せてくれる。だから育男氏の写真の視角はとても都市的なのだ。その結果が今になって高い評価を得るようになった。「吉祥寺と周辺寸描」というタイトルに表われるように、彼にはこの写真集に何の気負いも見られない。しかしこの街を読み解こうとする私達にとっては、またとないバイブルになっている。

▼父清作のモダニズム

ここで育男氏の視線そのものの背後にあるものを父親の歴史を振り返りながらさらにえぐっていきたいと思う。

父清作氏は一九一四年に渡米し、翌年にニューヨークでスタジオを開いている。現代の感覚では信じられないだろうが、当時アメリカに渡ってカメラマンとして一流になろうと志した日本人は、二桁の数ではとどまらなかったと言われる。

一九二九年十月一日の外務省の調査によれば、アメリカに十七万人ぐらいの日本人がいたが、「写真美術」を職業とする人が三一一人もいたという。

十九世紀後半、写真が発明され、複写文化が一挙に花開くや、その波動は日本にまですばやく届いたのだろう。明治維新を前後して日本にも写真館が設けられた。長崎、横浜、函館で外国人が連れて来た写真技師に学んだ日本人がそれを開いていった。新しい西欧文化に憧れていた日本人にとって写真は衝撃的であった。

写真は「真を写す」と書く。鏡ではなく印画紙に対象化された己を写し取られるという事実は好奇心と恐怖が同居した。当時の被写体は大体が斜めに構えている。真を写されるのが怖かったからだ。そうやって受け入れてきた写真はやがてただ複写するという技術的領域から、いかに表現していくか、という芸術的領域に足を踏み入れていく。

当時写真館を起こした人達は武士や商人。しかも名家や金持ち。成り上がりがやる仕事ではなかった。インテリジェンスある人達で、前に進んでいこうという気概を持った者達だ。複写技術だけでは満足しなかったのだろう。二十世紀の初頭、アメリカの写真技術は大いに発展し、写真文化が根付き始めていた。芸術としての写真技術が発達し始めた。その空気に直接触れようとわざわざ船で渡米した日本人の写真家達の心意気は半端ではない。

清作氏もその流れに乗った。ニューヨークではポートレーターとして活躍し始めた。彼の目指したものは「油絵のような写真を製作する」ことだった。ただ写し撮るだけでなく、自分の美意識とテクニックであたかも絵画のように加工して見せる、というのが目的だった。もともと肖像画に高い価値を見出すアメリカ人にとって、絵画的ポートレートは大変有り難いものだった。

自分を映画の主人公のように、物語性を含んだ雰囲気に表現してもらう。自分もまた演技する人となる。そんなポートレートの世界も、一九二〇年代の都市の雰囲気を象徴するものだった。当時ニューヨークで活躍していた国吉康雄画伯や石垣栄太郎画伯、その妻の石垣綾子氏、らかんスタジオを一緒に運営し、後にフランスに渡り、マン・レイと行動を共にする中山岩太のポートレートも清作氏が製作している。あの野口英世がアフリカに渡って病に侵され亡くなる直前に撮ったポートレートもある。

こんなにも活躍していた彼だったが、帰国を促す母の手紙でニューヨークのスタジオを閉め帰国した。第一次世界大戦のこともあっただろう。また、帰国直前に出会った大恐慌の恐ろしさを目のあたりにしたこともあったのだろう。三〇年に帰国した彼は、阿佐ヶ谷にスタジオを設け、日本での活動を始めた。

しかし、日本では大型版の肖像画の需要がほとんどなかった。せいぜい手型版のもので、ニューヨークで使った機材は無用になってしまった。まして絵画のように表現するという彼の目指した芸術家魂は、全く無視されてしまった。清作氏は絶望のまま、阿佐ヶ谷から吉祥寺に場所を変え、やがて息子の育男氏にバトンタッチしていった。

しかし育男氏の、無意識のうちにも吉祥寺という街を詳細に写しとっていた姿勢の中に、都市と共に生き都市空間をこよなく愛してきた親子の血のようなものを感じとるのは、勘ぐりすぎだろうか。

第4章

吉祥寺のいたるところに横丁はある

記憶の中の吉祥寺
現在、駅から「コピス」(前伊勢丹)への導入路になっているあたり
1966年撮影。「鈴木育夫写真作品集」より

1　南口界隈の横丁物語

南口一帯はあまり話題にならないが、マルイの西横から井の頭公園にいたる横丁にはユニークな店が多く並び、「七井橋通り」という横丁の名は多くの人に知れ渡るようになった。また「パークロード」という名のついた南口から井の頭通りへ斜めに抜ける通りも大衆居酒屋のメッカになって賑わっている。

▼消えかかる横丁「文化ストア」

井の頭通りに抜ける横丁の一角に「文化ストア」という看板が下がった小さなマーケットがあることは、意外に知られていない。建物そのものは井の頭通り沿いにあるのだが、横丁と横丁との間で、一階はくの字に通り抜けられるようになっている。最近洋服のお直しの店が閉店して寂しくなったが、西側の横丁から入ると、これもかなり古くから営業している魚屋があり、その先に老夫婦が元気よく営業している「豊国食品」という乾物屋さんがある。

そのまた先には東側の横丁に向かって営業している花屋さんがある。皮製品を加工する小さなアトリエがその一角にあるのは奇妙な感じがするが、髭を蓄えたオーナーが黙々と仕事に取り組んでいる。いかにも横丁的風情だ。「豊国食品」はこの中でも一番古い。戦後間もなく築地で佃煮を卸していた祖父がここで店を構えたそうだ。

この場所は社会党左派で政治家として有名だった帆足計氏の土地だった。帆足氏はここに平屋のマーケットを造った。魚屋、八百屋、肉屋、洋菓子屋、食材の卸の店などが軒を連ねた。その時つけたマーケットの名が「文化ストア」だった。

「豊国食品」の主人大川順氏（七十一歳、107頁に写真）は当時その二階に住んでいたという。お客は器を持って商品を買いに来ていた。ここの肉屋はハモニカ横丁で「ジョリーパッド」（24頁）を経営する鈴木雄二氏の父親が経営していた鈴木精肉店の支店だったようだ。

その後帆足氏はここをビル化する。吉祥寺で最初のビルだったようだ。このマーケットを一階部分にそのままのかたちで残したわけである。ビル化してテナントを再構成するとなると、大概お店の販売スタイルが変化するものだが、平屋の時のスタイルをそのまま残したものだから、ビルの中にありながら人間くささのあるマーケットとなった。

実際、文化ストア中央の「豊国食品」の乾物店を見てみると、平らに低く置かれたケースのすぐ向こうにご主人夫婦がお客を迎える。常連達はそれが当たり前のように彼らと会話しながら商品を買っていく。ただ、今はビルの持ち主も変わり、開発公社も解体、再構築を前提に上層部を借りた状態であるので、いずれはこのビルと共に文化ストアも消え去るのだろう。そのようなことを予感させる雰囲気が、吉祥寺の今と昔をつなげていて私たちを引きつける。

▼今はなき「五十番」のもやしそば

今年二〇一一年、七十一歳になる高橋弘氏は、行きつけの居酒屋「豊後」（180頁）によく顔を出し、常連たちに混じって愉快なひとときを過ごしていく。彼は南口の文化ストア二階の中華料理店「五十番」の主人だった。

デフレ不況が続くなか、かつての名店も赤字続き。最近この店を閉店して大家に明け渡してしまった。「豊後」で出会う彼はなんとなく元気がない。それでなくても七年前に後継者と期待していた息子を亡くし、三年前には愛妻も他界してしまった。働く意欲を喪失していた。

しかし吉祥寺で長い間、ラーメンの名店を守り続けてきた誇りまで失ったわけではない。

文化ストアの二階に四十坪の店を出したのは一九六五年のこと。ここがビル化されるときに移動してきた。その前は木造平屋のマーケットだった文化ストアの入り口横にあった。その店は間口二間、奥行き五間ぐらいのラーメン店であった。

戦後間もない頃に開いたこの店は、鶏ガラベースの正油味のラーメンが売り物で大変な人気だった。吉祥寺に最初にできたショッピングセンター「名店会館」（東急百貨店がある場所にあった）に寄った帰りに、ここ「五十番」で名物もやしそばを食べていく、というのが地元の人の楽しみだった。

このラーメンの味は高橋弘氏の父親が作り出したものだった。戦前、駒込で営業していたラーメン店が空襲で焼けてしまい、戦後の一時期銀座松屋の斜め前にあった中華料理店で働いていた父親は、一九五三年頃に吉祥寺にやってきてこのラーメン「五十番」を開いたのである。

このビルは市の再開発計画によっていずれ取り壊される運命になっているが、二階の「五十番」の外観はそのままになっていて時の流れのわびしさを感じさせてつらい。

そもそもこのビルのテナントの移り変わりは前から激しかった。地下にはサントリーのパブ「ザ・セラー」があったし〝北の呉峰か南のセザンヌか〟とまで言われた高級バー「セザンヌ」もあった。三階の「白木屋」のところは、ヤマハ楽器から学習塾になり、生命保険会社を経て今の店になっている。

それにしても、不遇をかこちながらも昔からの仲間と楽しく酒を酌み交わす高橋弘氏の生き様は、五木寛之が言う「下山の美学」をそのまま実践しているようでうらやましくもある。

▼「ボア」と東郷青児の絵

駅南口から井の頭線のホーム下に向かい、そのホームに沿うかたちで井の頭通りにぶつかる路地がある。ソフトバンクやラーメン「ぶぶか」があるこの路地には、閉店したままの洋菓子と喫茶の店「ボア」があった。再開発予定地になったことから二〇〇八年から閉めている。が、外装やサインが残ったままなので、盛業中であった頃がしのばれる。

地元の人にとってはスポンジが抜群に美味しかったケーキのことや店内に飾ってあった東郷青児の絵のことがとても懐かしい。特に東郷青児の絵はテレビ「お宝鑑定団」にも出品され、高い値がついて会場をわかせたこともあって、よく話題に出されていた。店内は今ではガラクタ同様のあり様だが、その奥にあるケーキ工場は当時の盛業ぶりをしのばせてくれる。この店と工場は一九五七年に造られている。だからちょうど五十周年を持って店を閉めたことになる。

「ボア」は戦後間もない四七年に和菓子の製造卸から出発している。日本橋高島屋で「大栄」という名で和菓子を出していた。都内にある菓子屋にも随分卸していた。砂糖を車両一台分買っていたという。それで作られた大福は大評判で売れに売れた。一九四九年には国分寺に二七〇〇坪強の土地を買って工場を建て増産に努めていった。

日本橋高島屋の出店の隣に「アメリカンベーカリー」という店があって、洋菓子を売っていた。その洋菓子がやりたくて、五七年にそこの工場長を引き抜いて洋菓子も作り始めた。製造卸業で一番大変なのは集金業務。一カ月集金が遅れたら全てが回らなくなる。そんな危険を回避するため卸売用だけでなく小売用のものも製造し始めた。それが「ボア」をつくる結果につながった。

東郷青児との縁は、彼がパリに留学する時に主人がいろいろ手助けをしたことから。

名前の「ボア」も、「ブルゴーニュの森」という意味の「ボアルブルゴーニュ」からとったもの

「ボア」の看板と外装はまだ残っている(2011年8月現在)

で、東郷青児が名づけ親。井の頭とブルゴーニュが重ねられている。ロゴも彼が作ったものだという。詩の入った十二カ月のしおりも丹念に創作してくれた。残された絵だけが話題に残ったが、東郷青児のセンスがあふれていた店内空間そのものも、洋菓子と共に地元ファンにこよなく愛された。ビルが壊されてもそのまま残してあるファサードは、地元ファンが当時のことを想い、今の時とを結びつける機会を与えてくれるためなのかもしれない。

▼末広通りの今昔を語る「思ひ出」

南口、井の頭通りとほぼ平行に東に走る末広通りには、終戦直後から営業している店は今では二、三軒しかない。この小料理店「思ひ出」はそんな数少ない店の一つで、昔からの常連が通ってくる店だ。

和風の一軒家で、植木が品良くおかれている入り口まわりは昭和三十年代の風情を今に残している感じである。カウンターと小上がりの店内も清潔感と落ち着きがあって、当時よく見かけた懐かしい小料理店の雰囲気を持っている。

厨房を一人できりまわす店主の長谷川勝美氏は一九四六年生まれ。飄々と包丁を握る主人と、あまり表には出ないでご主人を静かにサポートする奥さんとの二人三脚。跡取りがいないのが不安材料というが、ご本人たちはまだまだ若い。

メニューは魚料理が中心だ。素材の鮮度を重視していて、あまり手の込んだものはおいていない。

それがかえってこの店の持ち味が出ていてわかりやすい。

店主が十九歳でまだ日大の商学部に在学中に、父親が他界。母とともに店を切り盛りせざるをえなくなり、昼は学校に通いながら夜は店に出て仕事を覚えていった。だから修業らしい修業はしてこなかった。しかし料理や器の勉強は怠らなかった。盧山人の「星が丘茶寮」の支配人だった人の息子さんと知り合い、料理や器の話を聞き刺激を受けた。だがなによりも強みだったのは、父親から引き継いだ味覚だった。

この父親が初代になる。彼は栃木県新鹿沼の建具屋の息子。西荻窪で兄が経営していた建具屋に修業に入るのだが、どうも彼にはその職業が合わなかったようだ。蒲田の映画撮影所のレストランで働き始め、包丁修業に乗りかえる。

やがて終戦。両親は彼が生まれた一九四六年頃に、同じ末広通りで数軒駅よりの場所でヤキトリ屋を始めた。ヨシズ張りのバラック風の店だった。家族が生きていくためには必死だった。その一心不乱に働く二人の姿を地元の人はよく覚えていて、今ではその息子が立派にあとを継いでいることを自分のことのように喜んでいる。

やがてしっかりした店を構えることができた五一、二年の頃「末広」という名の日本蕎麦屋を始める。しかし初めに取り組んだ小料理屋の常連たちとの出会い、楽しい会話が忘れられず、数年で元のスタイルに戻していく。「思ひ出」の店名は、蒲田映画撮影所のレストランの名前を譲り受けたものだった。

お客は成蹊大、東京女子大の先生が多かった。父親が撮影所に関係していたせいか映画関係の人もよく出入りした。もともと近くに「前進座」もあり、また住みやすさと便利さもあって、近くには俳優、女優が多く住んでいた。

往年のスター堀雄二、樫山文枝とその妹、役所広司、佐久間良子などもこの店を時々使っていた。岩下志麻も近くに住んでいて弟がよくこの店に顔を出していた。また作家の桐野夏生も事務所が吉祥寺だったということもあってよく立ち寄ってくれた。

常連客の中には能楽師が意外と多い。この吉祥寺は千駄ヶ谷、渋谷の両能楽堂に行きやすいせいか住んでいる能楽師が多いからだ。

一人で包丁を握る長谷川勝美氏は、大学時代には写真研究会に入っていた。その腕を買われて地元の祭りのポスター作りに協力したり、地元の人たちとの交流にも忙しい。

▼〝文化居酒屋〟酒房「豊後」

吉祥寺南口一帯の飲食文化を語る時、絶対欠かせない店のひとつに「豊後《ぶんご》」がある。今は井の頭通り沿いにあるが、前はもっと駅寄りで井の頭線ガード下にあった。今は二代目の木本仁城氏が店を仕切っているが、厨房には三代目の卓仁さんがいて料理を担当している。二代目の妻の博子さんも店に出て常連客相手に接客している。

店は先代がつくり、地元の人や文化人たちに愛された以前の店の雰囲気を再現しているのだが、

「思ひ出」の初代

「豊後」の二代目木本仁城氏

常連客には前の店のほうがもう少し小ぶりで過ごしやすかったという人もいる。しかし引き戸を開けるとそこは「豊後」ならではの落ち着いた居酒屋の世界。奥のカウンター席の中に二代目が座っていて、静かにお客に応対している。常連客も静かに昔話などを語りながらゆったりとした時間を楽しんでいる。昔から通いつめる地元客が多い。代が変わっても生まれ育ったのが吉祥寺という常連も多く、常連同士が昔からの知り合いということも珍しいことではない。

文化人も多く集まる。武蔵野美術大学も近くにあった。その先生方が学生たちを連れて訪ねてくることもあった。美大の先生方だから金銭的に豊かな人はいない。酒だけ飲めと注意しておいて客単価を抑えるようにしていた。そんな話を二代目は懐かしそうに語っていた。小説家埴谷雄高が近くに住んでいた関係か、彼の本を多く出版していた編集者たちもよく立ち寄っていた。

また井の頭通り沿いにある都立西高の先生方もよくこの店を使っていて、今でもリタイアした人達が定期的に集まって旧交を温めているという。音楽関係の人、演劇に関わる人たちもこの店を使っていった。第三章で紹介した野口伊織氏も時々顔を出し、安心して飲める酒場として人にも進めていた。

二代目の父にあたる創業者は、もともと洋服関係の仕事をしてきた人だった。戦前、着物を扱っていた親戚が浴衣が売れなかった話を聞き、これからは洋服だと判断、洋裁学校で洋服のデザインを勉強しようと思い立つ。縫い子として入って技術を身につけ、やがて店を持つようになった。それが今のサンロード入口にある三菱東京ＵＦＪ銀行の場所だった。しかし、戦争に行くことになり店をたたんで田舎に引越した。

そして戦後再興を目指して元の場所を訪ねたら、他人がそこで商売をしていた。疎開する前に数人の友人に証人になってもらう約束をしていたのだが、誰も証言してくれなかった。「疎開した者には返す必要がない」とその商人に言われて、結局その権利は奪われてしまった。

終戦直後の不法占拠された闇市では、よくあった話だった。まだ土地の所有権、借地権などについては神経質にならなかった時代でもあった。まして、世の中が混沌としていた時だ。先代はもともと好きだった居酒屋を自ら経営することを思いつき、井の頭線ガード下で「豊後」を立ちあげたわけである。

ここの昔からの常連は、当然のことではあるが吉祥寺の昔のことをよく知っている。今は消えてしまっている街の様子を詳細に語ってくれる。また常連たちがこよなく愛する名店も熱心に教えてくれた。

そのひとつが次に紹介するピザハウスの「トニーズ」だった。「気難しいおやじだから気をつけろ」「『豊後』の博子さんから紹介されたと言え」とまで教えてくれた。

▼口コミで伝わる「トニーズ」の味

「豊後」の井の頭通りを挟んだ斜め前方にジャパンレンタカーが見える。その横丁を井の頭線のガードに向かって曲がるとぽつんと「トニーズ」はある。ニューヨークピッツァとサンドイッチと書いてある。ニューヨークの所々にあるファーストフード風のピッツァの店かと想像して店の前に立つとそれは一見レストラン風。入口左手で店主がドウをこねたりピッツァを釜に入れたり忙しそうにしている。ハンサムだが険しい顔をした店主が神経を集中して仕事をしている。その姿を見ていると簡単には取材のドアは開けられない。

ためらいながらも「豊後」の常連客たちに背中を押された私は、おそるおそる入店した。満席状態だったが、入口手前の席がちょうど空いていて案内された。「特にコーンピザと納豆ピザが旨い」と教わっていたので迷わずコーンピザ（八五〇円）を注文。アメリカンピザを想像していた私にはその味は衝撃だった。ドウの味もいいがチーズが抜群に旨かった。しかもそのチーズはボリュームたっぷり。アメリカには絶対ない味だし、本場イタリアでもあったかどうか。

レジで精算した後に、「実は『豊後』の博子さんに紹介されたんですよ」と言ったら、その主人はとたんにニッコリして笑いだした。私は追い討ちをかけて「そう言えと常連に言われて来ましたよ」と説明したら大笑い。というわけで、主人のピザとの出会いを詳しく聞くことができた。

生地は一日分を早朝に仕込み、一晩寝かせたものを使う。注文を受けてからその生地を練り直してから焼く。チーズはエダム、モッツァレラ、マリボーのミックス。そうやって焼き上がったピッツァはまろやかで濃厚な味になるわけである。地元のファンが圧倒的に多く出前もやっているのでホームパーティ用の注文も多い。後背地には口のうるさい富裕層が多い。その人達が口コミでこのピザの旨さを伝えている。

店主の藤原亀吉氏がこの場所で店を構えたのは九年前。その前は代々木で九年間営業してきた。離れた所からやってきたので常連客を新たに作らなければならなかった。常連客をリピートさせる感動的な味を作らなければならない。代々木で実績があったので自信はあったが、何しろ吉祥寺の中心から離れた横丁にぽつんとある店のこと。口コミの強い味方が必要だった。その一人が「豊後」の博子さんだったので、ご主人は今でも彼女には頭が上がらない。

▼ケネディにとりつかれたピザ屋の主人

このピザは、渡米しニューヨークに滞在していた時に覚えた技術が基本になっている。タイムズスクエアに本店を持つ「トニーズピザ」はあくまでアメリカンタイプのピザ。帰国して自分の店を持った時は、改良を重ねてオリジナルな味を作りだしていたが、修業先に敬意を表して商標を使わせてもらった。

この主人の渡米のいきさつが変わっていて、その事情を知る「豊後」の常連客は〝ケネディフリーク〟と言っていた。これが事実なのだからおもしろい。六〇年安保闘争にノンイデオロギーで参加した彼は、ケネディの演説を聞き感激し、その文章にほれた。それで終わる人ではなかった。

渡米して彼に出会うことを本気で考えてしまった。小田実や犬飼道子の海外見聞録などを読んで自分だって行けると思いこんでしまう。パチンコ屋通いしたり、ゼネコンの株を少しずつ買ったりして五十二万円ほど貯めた。

しかしビザを取得するのが至難の業だった。政治家に口をきいてもらおうと、面識もなければなんのコネもない大野伴睦の事務所に二十日間も通った。そのたびに追い返されたが、入口ですげなく追い出したのが当時秘書をやっていた中川一郎だったという。結局アルバイトをしていた貿易会社の社長がそんな彼を見かねて、社員にして駐在員として渡米する手続きをとってくれた。

海を渡る貨物船を見つけるのにも苦労した。横浜に半年間通ってやっと条件に合ったものを見つけることができた。ケネディの演説を聞きたい一心でやってきたのはロングビーチ。そこからロス市内まではヒッチハイク。公園やホテルのベンチで寝泊りしたり、ＹＭＣＡに泊まったりしながらロスに三週間滞在した後、グレイハウンドバスで東に向かう。ケネディの遊説の追っかけをやった。

なかなかそのチャンスがないまま、やがてニューヨークへ。「九十九日間九九ドルの旅」のチケットをあらかじめ日本で購入していたのでそれを活用してバスを乗り継いでやってきたのだが、ロングビーチに着いた時に持っていた所持金はたったの二〇〇ドル（当時の七万二〇〇〇円）。底をついていた。ニューヨークで必死に働いた。その仕事先が「トニーズピザ」だったわけである。六三年十一月にニューヨークの民主党大会の時にスミスという先生についていって初めて憧れのケネディを間近で見ることができた。言葉も交わさずすれ違っただけだったが、彼はそれでも満足した。

ケネディの演説を直接聞きたいという熱情がこのような行動をとらせた。今の時代では考えられないことだが、今は「人に世話になったことを想いつつ生きている」という。そして時には国際社会でどう生きるべきか、学生達に語って聞かせることもあるという。

こんな素晴らしい商品を持っている店だから、全国チェーンを作らせてくれという話が総合商社、大手小売業、大手食品会社などから持ち込まれてきたが、全て断ってこの店一軒を大切に育て上げている。

▼席がとれないもつ焼きの「カッパ」

マルイの斜め前にあるもつ焼きの「カッパ」は十二坪のカウンターだけの店だが、いつ行っても満席でなかなか席が取れない店としても有名である。駅南口から井の頭通りに抜ける路地と井の頭通りの角にある店だが、この店は井の頭通りからでは意外に見落としがちだ。

このもつ焼き屋の顔は、路地側にあって横丁の持つ風情で客を迎えるという感じである。店内はものすごい熱気だ。カウンターの向こうに山積みされたもつの串はどんどん焼き場のほうに移されていく。一本一〇〇円程度のやきとりは全て新鮮。塩味でその新鮮な味を楽しむ客が多いが、秘伝のタレを好む常連客も多く、昔から変わらぬ味を堪能していく。

主人は蔡顕堂氏。台湾出身の方。二代目に店を任せているが、今でも開店前までは仕込みに精を出している。八十九歳という高齢なので耳が遠くなった。それによってお客や店に迷惑はかけられないということで、営業中は身を引いている。この店を開いたのが一九六八年。今年で四十三年になる。その前に西荻窪で三年程度やっていたのだが、立ち退きにあい、こちらに移った。

戦後すぐは物資調達の仕事に携わってきたのだが、株で失敗し一文なしになった。そこで思いたったのがやきとり屋。もともと好きだったし、かつて大阪の鶴橋にもよく通っていたのでモツの世界には興味があった。材料のよし悪しを研究し、タレの開発にも力を入れた。今は秘伝のタレになっているが、その研究をしている時に考えついたものだ。

「カッパ」のもつ焼きが、焼肉で有名な大阪の鶴橋とつながっているのがおもしろい。これをつなげたのが、かつて蔡さんが生きるすべとして手を出した物資の闇商売。Yシャツを主に取り扱っていた。大阪の鶴橋まで夜の最終列車で買出しに行き、最終で帰ってくる強行軍を一週間に二回もやった。品物は新橋の闇市に持っていってさばいた。やがて資本が蓄積されていき、日本橋白木屋の前にウインドウ二つを借りて商売するようになったのだが、素人で株に手を出して失敗。そうやって「資本がなくてもできる」やきとりに取り組んでいったわけである。

蔡氏は機械を勉強する目的で昭和十六年、十九歳で日本に渡ってきた。機械の専門学校に入って、昼は会社で機械工として働き、夜学校に通うという日々を送った。やがて大空襲、終戦と思わぬ体験をしていくが、台湾で医者をやっていた兄から、台湾も世情騒がしく、失業者ばかりで就職もままならないと聞き、日本に留まることに決めた。生きるために闇物資に手を染めるわけだが、結果的にはそれが大阪行きにつながり、やがてモツを売る仕事につながっていった。

吉祥寺南口の喧騒の中で横丁の風情を漂わせて常連客をとりこにしているこの「カッパ」には、こんな終戦直後の物語が隠されているのである。

「トニーズピザ」の藤原亀吉氏

「カッパ」

▼吉祥寺遊歩者の溜まり場「いせや」

吉祥寺南口のバス通りを三鷹方面に向かうと吉祥寺通りとぶつかる交差点がある。左折して井の頭自然文化園に向かう通りのすぐ右側に、やきとり屋「いせや」総本店はある。地元の人のみならず吉祥寺に関心ある人がほとんど知っている名店だ。

日本建築の木造二階建てだったかつての「いせや」をマンションに建て替えるという話を聞いた常連たちは「あの風情がなくなってしまうのか」と嘆いたものだったが、建築後一、二階につくられたこの店は、レイアウトから内装まで昔の風情をそのまま残し（地階はしゃぶしゃぶの店）、地元のファンの要望に答えた。しかし、それでも一戸建ての日本建築のかもし出すあの独特な雰囲気は、マンションの一、二階では出せないだろうと危惧したものだった。しかし不思議なもので、「いせや」の大衆的で、しかもちゃんと品位が保たれた昔の雰囲気は、時間が経つにつれいつの間にかつくりだされてきた。

通りに面した焼き台前も昔の雰囲気そのままで、一人で静かに立ち飲みを楽しんでいる人、仕事の話に夢中になっている外国人も混じった数人のアーティストたちなど、吉祥寺らしいにおいを流し続けている。二階は追い込みの座敷になっていて、小団体でいつも満席。この「いせや総本店」も「カッパ」同様、夕方のオープン直後に行かないとなかなか席がとれない。

この店は、マルイの西横から井の頭公園に向かう七井橋通りの公園近くにも支店を構えているが、

建て替え前の「いせや」、1989年撮影。「鈴木育夫写真作品集」より

商品が変わらないのは無論だが、雰囲気も似ている。こちらも本店同様いつも超満員で活気に溢れている。この支店は間口二軒ぐらいの小規模な店から始めたが、拡張を重ねて今では九十八坪三五〇席の大型店。学生の団体などにもよく使われている。串一本が八〇円。ボリュームもあるので、そのお値打ち感に客は感激。

　もともと「いせや」は精肉店で卸と小売をやっていた。地元の肉屋にも卸していて随分世話になった人も多かったようだ。鶏も埼玉から仕入れてきて飲食店に卸していた。やきとり店になったのは戦後かなり経ってから。二〇一一年五月に他界した西島泰助前店長（享年七十八）が、精肉店の時代に従業員のまかないからヒントを得たものだ。

　当時、モツは中華料理店の一部で使われていたぐらいだった。西島さんは考案したやきとりを惣菜として店で売って好評を得ていた。飲食店部としてこのやきとり店が独立したのが五四年。経済の成長と共に働きづくめのサラリーマンの憩いの場であったし、文化人、芸能人たちの溜まり場にも使われた。

総本店の二階は、当時の世相を反映していて、その業態がなんともおもしろかった。なんとそこはすき焼き料亭として使われたのだ。着物を着た酌婦さんもいたし、三味線を弾くお姉さんもいた。時代は朝鮮戦争による軍需景気が日本経済を活気づけていた。いわゆる神武景気の真っ只中だった。横河電機、日産プリンス、日本無線など周辺の大手企業が商談や接待に使ったようだ。二章でもふれたが、当時は神武景気、岩戸景気、いざなぎ景気を背景に、吉祥寺に料亭文化が花開いたのである。この「いせや」二階もその需要に応えていった。時代を経てバブル崩壊後はすっかりその面影も消え、学生のコンパなどを受け入れる場所になった。

マンション化に踏み切ったのは漏電で小火をだしたのがきっかけ。先述したように常連客の「同じままのイメージで」という要望に応えたことが、昔の勢いを取り戻す結果を生んだ。常連客同士が仲が良く、半年に一回は二階で「立ち飲み会」をやっているという。三代目の清宮五郎氏は兄の二代目急死後この店を継いだのだが、吉祥寺の横丁にしっかり根を張ったこの名店の風情を守り抜いている。

▼品質をひたすら追い求める「ひょうたんなべ」

南口を出てすぐ斜め前に本屋がある。その二階奥にある居酒屋である。今はなきシャンソニエ

「ラ・ベル・エポック」があった店の奥で横丁的な雰囲気のたたずまい。しかし店内は広く八十五人収容。半個室の空間が多く、落ち着いた雰囲気だ。

入り口左側がオープンキッチンになっていて、店長の米内山勇氏が調理場の指揮を執っている。開業して二十年だが、今ではすっかり吉祥寺の名店の一つになっている。

料理は魚料理とおでんが中心。魚料理は七、八〇〇円台のメニューが多く、品質の割にはお値打ち品ばかりである。酒の種類も豊富で、日本酒にもかなりこだわっている。六、七〇〇円の純米酒もかなりレベルの高い銘柄が揃っている。

客単価は四〇〇〇円弱。大震災直後は厳しい目にあったが、今ではすっかり調子をとり戻し、最近では前年比を上回った成績を上げている。

周辺はディスカウントを強調する大衆居酒屋チェーンが増えた。そのような店で冷凍物、セントラルキッチンで加工されたものを食べていた客も、時には本物の味がほしくなっていくのだろう。まして吉祥寺には舌の肥えた客が多い。彼らはどのような品質のものか、すぐ見分ける能力を持っている。本物の味がこの店の強みなのだが、それは米内山氏がこの店に全神経を注いでいる結果である。

この店は浅草の「駒形どぜう」のグループに属している。が、この店では社員の採用以外は全て米内山氏にまかせられている。実質的には店主である。だから責任が重い。

休みなしで働き通し。食材にも調理にも、接客にも目が離せない。食材は一品一品吟味する。魚は見た目ではその品質がわからないという。さばいてみてはじめて、うまいかそうでないかがわかるのだ。色、つや、軟度などから判断を下していく。うまくないと思ったらお客に出すことはやめる。その姿勢は一貫して変わらない。

それでもその商品がうまかったかどうかがわからない場合がある。油がのっているからといって、うまいとは限らない。だから彼は客との会話を欠かさない。自分の舌だけに頼るのではなく、お客の反応を見る。そこから貴重な情報を得ていく。

調理したものは全て自分を通すように指示してあるのだが、時にはそれが守られない時がある。クレームはそんな時におこる。だからますます気が抜けなくなってしまう。お客の注文を受けてから料理に入るツーオーダーシステムを守り続けている。常連客が増え続けるはずである。

しかしこれだけのこだわりを引き継ぐものがなかなかいない。それが最大の悩みだと言う。

米内山氏は青森・南部の出身で高校卒業後、駒形どぜうに入社している。そこではどじょうをさばく仕事を徹底的にやらされた。手先が器用だった彼はさばくスピードが速かった。二年で全部覚えてしまった。

自分を磨き上げるために他の料理屋で勉強したいと申し入れ、認められて料理屋での修業を八、九年間行なった。その後駒形どぜうグループに戻るのだが、今度は店のマネジメントまで任されていった。

彼は調理場からお客を見るのではなく、お客から調理場を見るように頭を切り替えた。だからお客の席にいつも顔を出して料理の反応をうかがっているのだ。

▼「汁べえ」で発揮された宇野隆史氏スタイル

マルイの横を通って井の頭公園に向かう七井橋通りは最近では店数も増え賑やかになった。しかしその賑わいをわざと避けて、横丁の視認しにくい場所に店を構えているのが、吉祥寺を代表する人気店の一つ「汁べえ」だ。

グランメゾンという高級マンションの地下にあるのだが、七井橋通りからの入り口を避けて、あえてゴミ捨てのために設けられた狭い動線を入り口にとった。階段を下りた狭い通路の奥に店がある。入り口からして隠れ家的雰囲気である。よほど自信がなければつくれないアプローチのつくり方である。

かつては下北沢で「くいものや楽」という大皿惣菜の居酒屋をつくり、業界にも街にも衝撃を与えた宇野隆史氏が仕掛けた店で、入り口からして彼らしさがにじみ出ている。九七年の開業。今年で十四年になるが、その人気は相変わらずである。

真ん中にキッチンがあって、カウンター席がそれを取り囲んでいる。小グループ用にテーブル席も設けられている。舞台となっているキッチンの中で調理人たちは、演技者になってパフォーマンスを演じているという構図である。

「一番おいしい店を目指しているわけではない。一番楽しい店にする。そうやってお客に来てもらえれば料理の質も自然に上げざるをえなくなる」というのが宇野隆史氏の根本的な考え方だ。

そこらへんは南欧料理の名店「ル・ボン・ヴィボン」(210頁)の高橋俊光氏に大変似ている。実はこの二人、世田谷の淡島通りにあった地中海料理店「ドマーニ」のオーナーシェフ久保山雄二氏に絶大な影響を受けているのである。

高橋氏は弟子として、宇野氏は初めは客として、後には友人として影響を受けていった。お客とナチュラルな会話をし、リズミカルな料理の仕草を見せながら、いつの間にかお客をとりこにしてしまう。お客を徹底的に楽しませる、という点では業界では久保山氏の右に出るものはいなかった。

そんな久保山氏に影響を受けた宇野氏のメニュー感覚もユニークだ。

メニューには日常感覚から離れたものはおかない。家庭で食べられるもの、子どもの頃から食べてきたもの、さらには酔ったときに食べたくなる定番のものを彼は重視する。それを楽しくおいしく食べてもらうメニューに仕立て上げていく。それが「汁べえ」のコンセプトである。

たとえば人気メニューのひとつ、炙《あぶ》り〆鯖。目の前でガスバーナーを使って炙るだけだがお客はなぜかそのパフォーマンスによって楽しくなってしまう。「とろける角煮・福多玉(ブッタマ)」、「プリプリエビマヨ」、「キムチと豚肉のサクサクチヂミ」など、どれをとっても馴染みやすい食材ばかりだが、この店らしい調理提案がなされていておもしろい。

従業員の接客もフレンドリーで、お客を楽しませることに徹している。じつはここの従業員は独立意識が強い者ばかり。宇野氏が面接の時に「店長になって二年ぐらいで店を持つこと」を言い渡してあるからだ。貯金をさせて独立させる。もう宇野学校から巣立った生徒は二百人ぐらいになる。夢を持てる会社だからと人づてに聞いて応募してくる。だから今まで募集広告は出したことがないという。

「汁べえ」

六十七歳になる宇野隆史氏は疲れを知らないようだ。相変わらず新しい業態を開発しては、〝楽しさ〟の衝撃を与え続けている。

2　吉祥寺には喫茶店文化があった

▼喫茶文化の変遷

かつて吉祥寺では喫茶店文化が花開いていた。再開発が終わり始めた七〇年代から八〇年代にかけてのことである。半径四〇〇メートルという狭い範囲に二〇〇余りもの喫茶店が音楽、インテリア、珈琲の味などでその個性を競いあった。特に個性的な店はあえて横丁に店を構え、客を絞りこみながらその個性を磨いていった。二章で紹介した「ボガ」（90頁）もそのひとつであった。「ヨドバシ」の前にあるイタリアンバールの「ボガ」は昔の第二「ボガ」の風情を残した店。その店の古い木製の看板からかつてのいくつかあった珈琲専門店の「ボガ」を想い出し、私の珈琲文化への旅が始まった。

吉祥寺は戦前から文化人の多く住む街として知られていた。彼らの多くは北口駅前通り（現サンロード）にあった「ナナン」に集まり政治や文学の話に夢中になった。ここで珈琲を飲むことが吉祥寺インテリの前提条件みたいになっていた。前述した羊羹で有名な「小ざさ」の父親は、当時仲町通り（現ダイヤ街）で和菓子の「なるみや」を経営していたが、よくこの「ナナン」に行っては文化人達の影響を受けていた。そこで無政府主義に対するシンパシーを持ち、娘に熱っぽくその正統性を語っていたという。

戦後ここに喫茶店文化が花開くのは六〇年代に入ってから。高度成長経済が進むなか、買い物客で活気を帯びていくが、若者たちもこの街にやってきてファッションや音楽の情報を仕入れたり、友達との談話を楽しんだ。大型喫茶店「田園」や「古城」に彼らは群がった。

野口伊織氏の父親が経営する「ブラジル」や東京三大美人喫茶のひとつと言われた「エルザ」も人気を集めていた。やがて六〇年代にはその「ブラジル」の地下からジャズ喫茶「ファンキー」が誕生するのだが、それらが武蔵野美大などの前衛的若者達の溜まり場を作っていった（第三章参照）。

再開発は進められ、吉祥寺の街は一挙にファッショナブルになっていった。成蹊大学、武蔵野美大、東京女子大の学生達も己の個性を表現する場としてこの街にやってきて徘徊していった。個性的な溜まり場を求めて珈琲専門店にやってきた。「ボガ」「一番館」「ポエム」「トモロー」「コーヒーロード」、第3章で紹介したジャズスポット「メグ」の寺島靖国氏の「モア」などが彼らの受け皿になっていった。やきとり「いせや」の前にあった「モカ」などもそのうちのひとつだった。

このころ、主婦やアダルト層などが談合や待ち合わせの場として使う喫茶店も着実に成績をあげていた。井の頭線駅下にあった「八千代」「モンブラン」（この二つは京王映画が経営）、「ルーエ」（サンロード内）、「ニューカワダ」（ファミリープラザ裏）、先述した南口の洋菓子と喫茶の「ボア」などが典型だった。

▼「ボガ」は三号店まであった

家賃の高騰、人件費の高騰が進み、今ではセルフサービススタイルをとった全国チェーン店が、この喫茶業を支配し、六〇年代から喫茶店文化を作ってきた店はほとんど消滅してしまった。「ボガ」の一号店は、店主の小倉正文氏がまだ二十一歳だった六九年に創業された。サンロード入口で現在三菱東京ＵＦＪ銀行が建っている場所だ。二階にある十五坪の店だった。サイフォンでコーヒーをしっかりと淹れて出すスタイルは当時はまだ珍しかった。これが受けて二号店を「ヨドバシ」前に七一年に出した。近鉄百貨店ができる数年前で、まだ駅前大通りが仕上がる前だった。この店はイタリアンバールに業態転換したが、当時は横丁の名店の一つだった。

三号店は、現在のパルコ辺りにあった「ファンキー」や「エルザ」が並ぶ素敵な横丁の一角に出店、独特な雰囲気を作っていった。この三店とも業績は順調だった。商店街を回遊する若者達が多数来店していた。

材料費も人件費も安かったので、このような喫茶店文化が育ったと小倉さんは言う。「マクドナルドが人件費を上げた」と当時を振り返る喫茶店オーナーが多いが、人件費問題はそれだけ切実な問題であった。

小倉氏は八〇年に南口バス通りの、井の頭通り近くの場所でパブを開設した。経費の高騰で珈琲専門店では経営が難しくなると判断してのことだろう。アメリカっぽいおしゃれなパブで、五層になっている空間のおもしろさも若者を惹きつけた。地階、中地下、一階、中二階、二階の構成だった。

経済不況が続く二〇〇〇年代に入って、南口バス通りは低価格を売り物にする居酒屋やラーメン店、寿司店などに占拠されていく。小倉さんが若者向けに用意したしゃれたパブ空間も時代に対応できなくなって閉店してしまった。

「ボガ」の珈琲専門店やパブの歴史は、六、七〇年代の吉祥寺若者文化の有り様や都市での過ごし方の変化を語っているようだ。

▼「西海岸」を仕掛けた佐藤善一氏

カフェバー「ファンキー」という六〇年代後半に仕掛けられたジャズスポットは、ジャズという音楽を通して前衛的な若者を吉祥寺にひきつけただけでなく、映画館あり喫茶ありジャズ喫茶ありのユニークな横丁を作りあげた。その動きに合わせるように七〇年代、その横丁に現われたのが「ハイランドクィーン」(一階)、「西海岸」(二階)だった。八〇年代に入って六本木や西麻布周辺に顔を出し始めたカフェバーのはしりが、すでに吉祥寺に現われていたのである。

従来はカフェとバーは別の業態だったが、これを統一した業態を佐藤善一氏は考えた。二十三歳の時だった。ウエストコーストロックを売り物にした「西海岸」は、学生や学生気分の抜けない人達を集めた。武蔵野美大の学生、音楽関係のアーティスト達も集まった。また、一階の「ハイランドクィーン」はアールデコ調の店舗デザインで、カクテルに力を入れた店。そこには〝風俗エリート〟達が集まった。

八〇年代に入って時代の変化を考えた佐藤氏は「カフェ・コンテ」という喫茶店をここに立ち上げた。今のドドールコーヒーに似たスタイルの店で、コーヒーをたてるプロを使わない店にした。三十五、六歳の時だった。コーヒーを一五〇円で提供した。

材料はドトールの創業者鳥羽博道氏がまだ小さな工場で焙煎をやっていた時にそこから仕入れ、鳥羽氏からアドバイスも受けた。この店は大繁盛した。一日一〇〇〇人位の客が押し寄せた。五、六年は業績も順調だったが、マクドナルドの時給に引っ張られてアルバイト料はどんどん上がり利益を圧迫していった。

やがて「ドトール」や類似の低価格セルフサービスの店が周辺に増え始め、佐藤氏はこの店を閉めて人に貸し、賃貸業に専念していく。ただ、彼はこの吉祥寺をこよなく愛している一人だ。商人として商うことをやめてもこの街のために役立つことをしようと、商店街の仕事を引き受けていく。サンロードと並ぶ二大商店街の一つのダイヤ街商店協同組合の理事長として大活躍だ。今、彼はこの街周辺には文化人、特に最近では漫画家が多く集まっていることに着目。アートの打ち出しなどを考えながら、ソフトの整備をしていかなければと考えている。商人として地元のお客と向き合ってきた人が、今度は商人の視点から街づくりのプロデューサーとして力を尽くしている。

▼カレー屋「まめ蔵」は吉祥寺の空気を吸い込みながら歩いてきた

中道通りを西に向かって四本目の横丁を右折すると、左側に「まめ蔵」が見えてくる。お洒落な喫茶店かレストランのような外観、絵本作家の原画がいくつも飾ってある落ち着いた室内空間。あまり自己主張を表に出さず、控えめな品の良さが店主のセンスと人柄を感じさせる。

昼も夜も大盛況で、今では吉祥寺のグルメ名店のひとつに数えられている。創業の時から変えていないというカレーの味は三日間しっかり煮込んだ風味豊かな味で、ファンを増やし続けている。創業は七八年十月。三十三年のキャリアを積んできた。

当初は喫茶店がメインで、カレーはあくまでサイドメニューだった。それが徐々にカレーの味が評判を呼び、いつの間にかカレー専門店になってしまった。店主の南椌椌（本名相吉）氏も不思議だ、と首をかしげる変身だった。

創業は南氏がまだ二十八歳の時。兄貴的な存在だったのか、明星学園高等部の生徒や成蹊の高校生達が毎日のようにやってきては長時間粘って騒いでいた。美術や音楽が大好きな彼らと「楽展的！」というグループが作られ、吉祥寺の駱駝館画廊で七年間もグループ展が続けられた。彼の絵本作家への道もこの辺から始まったようだ。また古楽の演奏会やここから始まった「ツキスミ音楽

「まめ蔵」

団」の演奏会も、ここ「まめ蔵」で行なわれた。南氏は、山登りや「長編小説を読む会」もこの店で知り合った仲間やスタッフ達とやっていた。

この店にはサッカー部もあった。中学、高校でサッカー選手だった彼の周りにはいつの間にかサッカー好きが集まり、やがて「まめ蔵蹴球団」を結成して日本サッカー協会公認の東京社会人リーグに加盟というところまでエスカレートしていった。

喫茶店の店主がこのように経営管理一辺倒にならずに、お客やお店のスタッフ達と仲間意識で接し、一緒に芸術活動やスポーツに興じていくという姿はいかにも吉祥寺らしい。七〇年代の吉祥寺にはそんなことが当たり前のように思える空気があった。

南氏は五〇年生まれ。最後の団塊の世代だ。六九年に立教大に入学して全共闘運動の波の中で学生時代を送った。彼は学生運動には関わらなかったが、芝居の世界で時代の空気を吸っていた。シナリオを書いたり演出したりした。部屋が隣あっていた関係で、後に著名なロック歌手となる渡辺勝とも親しくしていて、芝居の音楽を彼にやってもらったこともあった。その渡辺勝とは共通の友達もいて、自然にフォークやロックのミュージシャンとも親しくなっていった。

七六年に荻窪で弟と小さな喫茶店を開いたのが飲食店経営の初体験。やはりそこでもカレーを出していた。夜はボトルも置いて飲める場所にした。その体験を踏まえて吉祥寺の現在の店を開くことになった。学生時代から中野や吉祥寺にはよく遊びに来ていて、店を出すなら吉祥寺だと思い、親から金を借りて開業。それが七八年のこと。当時近くにはフォークのライブハウスで有名な「ぐぁらん堂」があった。

渡辺勝とその周りの人達と親しかった南氏は、彼らの優しさと温もりに溢れたエネルギーに触れる場所にいたかったのだろう。その頃は今や伝説の人になったフォーク歌手の高田渡とも親しくなっていた。フォークも時代と共にその勢いを失くして「ぐぁらん堂」も今はない（八五年に閉店）が、ただ当時の空気は南氏の飄々とした生き方の中にかい間見える時がある。

絵本作家の仲間も多く、彼らの原画もこの店の壁画で見ることができる。彼自身も個展をもう三十回くらい催している。また三・一一の大震災後、ボランティアで現地にも行っている。

今でも若々しい彼は、髪は白くなっているが厨房に時々立っていることがある。七〇年代に吉祥寺はこんな店がいっぱいあったなぁ、とつい懐かしんでしまう空気がこの店には流れていて、嬉しくなってしまう。

3 〝東急百貨店裏〟でも横丁が元気だ

東急百貨店のオープンが一九七四年である。街路事業によってサンロードと東急百貨店を結ぶ元町通りができ、さらに伊勢丹からダイヤ街を抜ける通りも整備されそれが元町通りと交差する。いよいよ回遊路が完成し、吉祥寺はショッピング客で大賑わいの街へ飛翔していった。その段階から個性的な店が〝東急百貨店裏〟に集まり出した。

〝東急百貨店裏〟といっても、ここでは東急百貨店前と南北に貫通する吉祥寺公園通り辺りを含めた西側一帯を指している。東急百貨店正面右側を西に走る大正通り、左側をやはり西に走る昭和通り、さらに厳密にいうと東急百貨店裏とは言えないが、昭和通りの一本南側の中道通り（パルコの斜め前から入る）、そしてその通りを南北に縦断するいくつかの小路が加わる。

中心商業ゾーンは家賃が年々高騰しすぎていたこと、小売業にしても飲食業にしてもメジャー企業が占拠し始めていたことなどもあって、それを嫌う経営者達がリスクを覚悟しながら個性的な店を出していった。そうはいっても七〇年代の前半あたりは、それらの通りは夜になると真っ暗になってしまう横丁であった。

大正通りにあった秋田料理の「おっちゃん」は、今はないが当時私もよく通った店だった。秋田訛りのいなせな店主と客との会話がおもしろく、懐かしい想い出だが、あの場面もまさに横丁のそれだった。

中道通りにあった台湾料理の「南陽」も横丁らしい名店だった。二階にあったカウンターのみの小さな店だったが、チャーハンが抜群に旨く、台湾出身の店主が目の前で見せてくれたその独特な製法に眼が釘付けにされたものだった。

まだそんな環境であったところに次々とユニークな店が開いていった。

▼「柿の木」は大人達の溜まり場を作った

東急百貨店北側の大正通りは六〇年代ではまだ住宅街に通ずる静かな通りだった。その六〇年代にこの「柿の木」は一杯飲み屋風の店として出発している。

故茅野泰彦氏の父親が開業した店だった。満州で大きな商売をやっていた彼は終戦で信州松本の実家に帰った後、親戚が近所にいたという縁で吉祥寺にやって来た。高度成長経済で商売は順調に推移していった。市街地の再開発が進み、大正通りも賑やかになっていった七六年には店を改装するまでになった。

二代目の泰彦氏はこの店を板前料理の店にアップスケールしていった。ネタケースもあり板前も置いたこの料理屋は、バブルの頃には医者や銀行幹部などでいつも賑わっていた。しかしバブル崩壊後に板前が独立を希望して辞め、仕方なく泰彦氏は妻能婦子《のぶこ》さんと二人で店を仕切るようになった。泰彦氏は六年前に亡くなってしまうが、彼を慕って集まる地元客でいっぱいにだった。第三章でふれたあの野口伊織氏もこの店の常連だったし、彼に誘われて大正会という神輿の会に入るようになった。

またハモニカ横丁に衝撃を走らせた手塚一郎氏（第1章参照）もビデオショップや電気屋を開店し続けていた時代に、大手電機メーカーの人とよくこの店に来て、泰彦氏と親しくなっていた。手塚氏も飲食店を出し始める時には、いろいろアドバイスを受けていた。

現在は妻能婦子さんが三女と共に店を切り回している。大皿に盛られた惣菜料理がカウンターの上に並べられ、相変わらず常連たちの溜まり場を守り続けている。再開発で街が大きく変わる七〇年前後、この店の近くに、前述の秋田料理の「おっちゃん」もあった。ここも吉祥寺の大人が集まる店だった。

中心市街地がファッショナブルな街、若者の街になればなるほど、大正通りの横丁的雰囲気は大人のにおいを発散させていた。

▼小さなビストロが横丁を粋にした「チャチャハウス」

吉祥寺公園通り西側一帯は、すぐ近くに藤村中学・高等学校、北西部に成蹊大学を控えた文教地域でもある。そのせいもあってエンターテインメントの部分では吉祥寺大通り東側一帯のそれとは性格がはっきり異なっている。再開発からまもなく、地元の人達の人気を獲得していったビストロ系の店、しゃれた小料理店が点在し始めた。

野口伊織氏も七八年に「チャチャハウス」を開いて横丁に活気をもたらした。オーナーシェフの店が多く、彼らは情報を共有したり一緒に仕入れに行ったりと仲がいい。井の頭通りの「紀ノ国屋」の先にあるやきとり屋の「月夜」などに閉店後集まり、意見交換している姿を時々見かけるほどである。

▼アップスケールした「ル・ボン・ヴィボン」

高橋俊光氏のつくった「ル・ボン・ヴィボン」には熱気があふれていた。今は移転してより高級な雰囲気の店になったが、当時は大正通り沿いにあって小粋な店だった。

入ってすぐカウンターがあり、若いコック達がきびきびと料理していた。カウンター上にはその日の素材がかごの中などに並べられ、新鮮さと手作りを強調していた。奥のテーブル席を含めても客席は二十三。コックの熱気がそのまま伝わってくる感じだった。

人気のあったメニューは、前菜では白身魚のグリーンペッパーソースやムール貝のプロバンス風、主菜では伊勢えびのイタリアンソース、魚のウニソース、牛肉のステーキあさつきソースなどだった。どれもが本格的で、しかも目の前で調理されるのだからお客にはこたえられない。自然にエキサイトしてしまった。

常連とは友達同士のように陽気な会話をかわしていく。お客にとって自分の好みをわかってくれるというのは最高の贅沢。オーナーシェフの高橋氏は常連客から時には「トシ」とか「トシちゃん」と呼ばれ大変愛された。当時の客単価は四〇〇〇円前後だったから、行きつけのすし屋のような感じでこの店を使った。地元の常連客の中には文化人、アーティスト、医者なども多かった。野口伊織氏もその一人だった。

高橋氏は二十六歳の時にこの店を開いた。「東京會舘」で一年、世田谷の「ドマーニ」で六年修業してから独立した。やはり「ドマーニ」の久保山雄二氏の影響が強かった。カウンター周辺の雰囲気も「ドマーニ」を彷彿とさせるし、お客との陽気な会話も久保山氏仕込のものだった。ちなみにこの久保山氏の弟子たちは代官山、渋谷、新宿、下北沢などで独立し、みな「ドマーニ」らしさを身につけて成功していった。

「ル・ボン・ヴィボン」は九三年、やはり大正通りだが三本目の路地を右折した場所に移り、アップスケールした店に生まれ変わっている。テーブル主体の落ち着きのあるディナーレストランにアップスケールしたがその人気は変わらない。前の店では十五年間営業してきたが、今の店に移ってからもう十八年も経った。

カウンター主体のカジュアルな洋食店を、アップスケールしてディナーレストランタイプに切り換えるのはなかなか難しい。お客の過ごし方が違ってくる。日常性から非日常性に来店動機が変化していく。従って客筋も変化していくものだ。

しかし、高橋氏はレベルの高い調理技術と接客技術でそれをやってのけた。料理では他の店では真似のできないものを作ってきた。しかしそれは高級食材をふんだんに使ってオリジナルを追求しただけのものではない。コストパフォーマンスを絶えず意識する吉祥寺のお客に、納得のいくオリジナリティを追求している。たとえばテット・ド・フロマージュという名物料理。もともとバスク地方の料理だが、日本人の口に合うように作ってある。長時間煮込んだ豚の頬肉、豚足、舌、耳をやはり豚のゼラチンで固めたものを、パートブリックという小麦粉で作った薄皮で春巻き状に包み、カリっとソテーしてオーブンで仕上げたものだが、ワインと共にじっくりと味わいたいメニューだ。これが一五〇〇円。

ワインを飲みながら前菜を三、四品頼み、メインを一品どしんと腹に収める。客単価は約一万円だが満足度が違う。お客は吉祥寺に住む富裕層が多いが、記念日などに家族連れで訪れてくれる。最高級でセンスのあるディナーで彼女を感動させようと彼氏が連れて来た二人連れも多い。それと接待客も多いのも特徴だ。

経済不況でもさほど影響が受けにくい病院の先生方や医療関係のお客が多い。高橋氏は持ち前の陽気で人なつっこい接客で店内を回り、お客をなごやかな気分にしていく。この店での常連達の過ごし方から、逆に吉祥寺という街の奥行きの深さが見えてくる。それは決して市街地中心部では見ることのできないものだ。

▼穴場的フレンチレストラン「マリアージュ」

「ル・ボン・ヴィボン」トシさんと親しい石坂英司氏は、やはり東急百貨店の裏、藤村女子高のすぐ先に「マリアージュ」を開業して二十三年になる。駒込の「ビストロラモン」で三年間修業し、吉祥寺の「シェ・ジョルジュ」でシェフを勤めあげた後に独立している。その間パリやリジョンで本場フランス料理を約半年間学んでいる。

店の外にはテラス席が設けてあり、愛犬家もここで食事ができる。店内は白と木の色と緑の色彩が調和よく配置されていて、お洒落で落ち着いたディナーレストランに仕上がっている。気取らずフレンチを楽しんで貰いたいという願いは地元客によく浸透していて、昼間は奥様方、夫婦でいつも混み合っている。夜は地元客も多いが、接待客で賑わう。

「ル・ボン・ヴィボン」同様、近くの大学病院や武蔵境の日赤の医師や医療、薬剤関係のお客さんが多い。最大四十五人の貸切（着席）も可能な大きさなのでパーティなどの催しにもよく使われる。

料理は黒毛和牛頬肉の赤ワイン煮や、国産ひな鳥のローストチキンなど肉系も人気だが、シェフ自ら築地に仕入れにいく新鮮な魚介類は、その素材が持っている旨みを生かしていて絶品だ。その日仕入れた魚介のカルパッチョは冷えた白ワインと共に口に入れるとその新鮮さがしっかりと伝わってくる。

やはりこの店の常連もコストパフォーマンスにうるさい人ばかり。ワインを飲んで南フランス料

「ル・ボン・ヴィボン」

「マリアージュ」

理をたっぷり堪能して客単価六、七〇〇〇円は客に得をした、と感じさせるのだろう。今や常連客が常連客を作る店になっている。

▼はずれで気をはく「ダ・メオ・パタカ」

井の頭通りを三鷹方面に向かい、「紀ノ国屋」を越えていくとやきとりの「月夜」など数店の飲食店が建ち並ぶ一角にぶつかる。南欧料理店「ダ・メオ・パタカ」はさらにその先を右折した横丁の一角にある。これがギリギリかといった感じのはずれである。オープンキッチンになっていて、オーナーシェフの北原洋平氏はお客の様子を見ながら調理に精を出している。

「ル・ボン・ヴィボン」で五年間、高橋氏にがっちり鍛えられた。その成果もあって北原氏も高橋氏同様、お客との距離が近い。お客と対話しながらお客の欲するものをつかみ、提供する。だから常連が多い。二十三歳の時にこの店を開き二十七年間、こんなはずれた立地で盛況を続けられているのも、お客に接する視線がブレていないからだ。口コミと「ル・ボン・ヴィボン」の高橋氏の紹介などでお客を増やしてきたが、「文芸春秋」の「朝、昼、晩めし」のコラムで作家の宮本みち子さん（故人）にこの店を紹介してもらったことが大きかったと北原氏は振り返る。

出版関係の人や病院関係の人が多いが、地元客六割で、わざわざ遠くから訪ねてくれる客が四割だという。おまかせ料理が三五〇〇円からで、ア・ラ・カルトも八〇〇円前後。客単価も五〇〇〇円程度なのでリーズナブル。大人の隠れ家的な存在で、ここに大切なお客を連れて来て、つい自分のセンスの良さを自慢したくなってしまう店だ。

▼大人が集まった「前菜屋」

第一ホテルの裏にその店はあった。住宅地の中にぽつんとある感じだから初めての人にはわかりにくい。L字型のカウンターに小団体が使う大きなテーブルが一つだけある小さな店だ。店名通り前菜だけの店。できたての前菜がバットに入ってカウンターに並べられており、お客はそれを見て注文した。

イタリア料理系の前菜が多い。魚介類や野菜類が多く、一品が平均七〇〇円程度。ここの常連客はそれを二人で五、六品は最低注文した。ワインも一本二四〇〇円程度のイタリアワイン。前菜に合うものを選び抜いていた。お客の九割以上がワインを飲んだ。

和食では酒を飲みながらサカナとして料理を食べるが、洋食にもそれがあってもいいのでは、とオーナーシェフの稲垣真二氏は考えた。修業先の店での閉店後の食事は、ワインとオードブルが多かった。優秀なコックたちがうまいと思うのだからお客もうまいと思うはずだという確信を持っていた。

大人を育てる世界を作りたい、と稲垣氏は思い続けていた。子どもを家に置いてきた夫婦が、大人の世界に浸っていく。そんな意味を持つ店を目指した。そのねらいは当たった。七割を占める女性客もOL四、五年生あたりから。男性は三十代後半以上が多かった。

料理もメインディシュとしても耐えられるものも用意してあるが、普段はそれも前菜として出す。たとえばステーキの場合は五〇グラムの一口大のポーションに仕立てて提供する。あくまで飲む場所であり、大人が集う場所であることを意識し続けた。今はこの店はないが、「ル・ボン・ヴィボン」とともに〝東急裏〟に小粋な風を吹かせた店だった。

▼「ぶどう屋」はクラシックな雰囲気を持ち込んだ

大正通りの一本目の路地の角に石造りの古色蒼然とした一戸建てのレストランがある。東急百貨店の開店とほぼ同じ時期にオープンしたこの店はステーキを売りものにした高級イメージの店。その過剰投資とも思わせる重厚な店舗造り、客単価一万円近くする高級料理は吉祥寺では受け入れられないだろうとうわさされた。

この店を開いたのは現オーナーの秋田秀博氏の父親だ。この人はお菓子屋、スーパー、医療関係、ボーリング場などさまざまな商売を立ち上げ、最後は貸しビル業として成功を修めた人。食べることが大好きで、休みというと家族を連れて外食を楽しんだ。

一番好きだった行きつけの店が港区飯倉にあったステーキの「チャコ」だった。この「チャコ」はステーキハウスの多かった六本木界隈の中で、ファミリー客の比較的多い繁盛店だった。

「吉祥寺にはファミリーが楽しめるレストランがない」「吉祥寺には富裕層が多いので必ずそういう店が増えるはず」と判断した先代は、「チャコ」のような持続可能なしっかりしたステーキハウ

「ダ・メオ・パタカ」(上)　「ぶどう屋」

スを造ることを決意した。しかし、全館二百五十席のステーキハウス。それだけの空間を埋め尽くすには値段もリーズナブルにしなくてはならない。

当初は三八〇〇円のコースを設定した。ファミリー四人がコースとワインで二万でおさまるように値段を設定した。しかしそれを実現するにはワインが問題だった。お客が求める良質なワインは、当時は仕入値が高すぎた。

そこで現地買い付けを決行。その頃の日本人は甘くて飲みやすいドイツの白ワインを好んだ。ドイツのワイナリーから直接買い付け、コンテナで何百ケースも運び込み、地下三階に設けたワインセラーに収納した。よく売れた。一年で売り尽くした。自家消費でそれだけ売れるのかと税関からも怪しまれた。

何年か経ってイタリア、フランスのワインも入れていくのだが、お客のディナーの過ごし方を分析した上でコストパフォーマンスを考慮して値付けをしていくという姿勢は変えなかった。

やがて消費者の外食傾向も変化していく。市場が成熟してくるにつれ、普及への欲求から選択への欲求に転換する。飲食店は〝読まれる〟対象となり選択される対象となった。

この店も二百五十席全てがステーキハウスという方針を変え、一階をカフェ、二階ステーキ、三階焼肉、地下二階をしゃぶしゃぶと分け、地下一階にはバーを持ってきた。いろいろな楽しみ方、過ごし方を準備したわけである。

バブル崩壊後、店の経営は二代目にバトンタッチされていく。先代は二代目秀博氏に経営を委ね、厳しくなった経済環境の中でこの店をどう運営していくか試していったのだろう。

▼二代目の戦略

二代目秀博氏は大学卒業後、都市再開発を専門に手掛ける経営コンサルタント会社に入社して、再開発業務の中でマーケティング能力、マネジメント能力を身につけていった。その後、彼はいずれ「ぶどう屋」の後を継がなければ、という思いもあったのだろうが、名古屋から東京に進出して多店舗展開していた「あさくま」に入社する。

武蔵野店では立ち上げから携わった。しかし他の店もそうだったが、このチェーン企業の店は料理も店の雰囲気もサービスも質もどんどん落ちていったことに危機感を持った。人がどんどん変わっていくことにその大きな原因があることを彼は突き止めていた。

バブルの崩壊とともにこのチェーン企業も衰退していくのだが、彼はそこから経営は結局は人であることを強く認識する。

二〇〇一年に「ぶどう屋」の経営母体、㈱三味に入社するのだが、まず担当させられたのが三階の焼肉部門だった。しかし、すぐ大きな試練が待ち構えていた。

入社して間もなく狂牛病問題が持ち上がった。売上は半分以下に落ち込んだ。赤字続きだったこともあり、父親には焼肉部門を閉めるよう言われたが、店内で働いているうちに問題点を把握しつつあったので、あと半年やらせてほしいと訴え、改革に取り組んだ。客のニーズと全てがかけ離れていた。コスト削減に努めつつ、クオリティは重視した。コスト削減については人件費削減を優先した父親の方針とは逆に、人は第一に重視し、材料費のコスト削減に努めた。

砂糖や醤油を問屋から仕入れず、自ら近くのディスカウントストアで買い求めた。クオリティに関しては熱いものは熱い状態で食べてもらうよう従来のやり方を変えさせた。たとえばスープを焼肉と一緒に注文されたら、従来だとキッチンで仕上がった順番で出すので、焼肉を食べた後に飲むスープはいつも冷めていた。彼はお客が焼肉を食べ終わったタイミングで出すように指示し、熱くておいしいスープを提供できるようになった。そのように全てお客のニーズに合わせて店側が対応するように変革。

モチベーションを保ちながらそれを遂行するのは大変だったが、ついてこれないものは仕方ないと思った。しかしみるみる結果が出た。焼肉部門はついに黒字に転換していった。最初の一年はキッチンに入り、その後ホールに出て業績を残した彼は、その後全体を統括する社長業に就く。

吉祥寺の後背地は富裕層が多い。その常連客は世代が交代しても常連客であり続けてくれる。正月やお盆には三世代が連れだってやってきてくれる。

4　中心街を少し離れて

▼和室でフレンチ懐石が人気「懐鮮食堂」

三で、吉祥寺の西側〝東急裏〟のディナーレストランを取りあげたが、今度は東側の二軒を紹介しよう。この二軒のオーナー達は「マリアージュ」の石坂英司氏と仲が良く、三人で一緒に築地に仕入れに行っている。食材を通して西と東のディナーレストランが結びあっている。吉祥寺の街のおもしろさのひとつがこんなところにもある。

その東側の店の一つが「懐鮮食堂」だ。この店も中心部からかなりはずれのところに位置している。JR線北側線路沿いに西荻窪に向かい、水門通りとぶつかった角、セブンイレブンの二階にある。外部から二階を見上げるとそこは一見和食店の雰囲気だ。アール状に広くとられたガラス窓には障子が裏から張られていて、視線をやわらげてくれる。そこでは本格的フランス料理をお箸と和食器で提供してくれる。

「懐鮮食堂」の懐は懐石の懐。鮮はいうまでもなく素材の鮮度の鮮だ。食堂はフランス料理を気軽に楽しんでもらおう、というメッセージ。場所が中心部からはずれ、しかも二階というハンディを背負っている。だからまず地元客に気軽に立ち寄ってもらうことが先決、と店主の関根和彦氏は考えた。お客との距離をいかに縮めるか、その課題を追って生み出された店名なのだろう。

開業して十五年。すっかり地元客に知れ渡るようになった。奥さんが昼に立ち寄ってこの店の価値を知り、夜にご主人を連れてくる例はざらにある。大人っぽい人達が記念日をここでやることも多い。今では口コミやインターネットでわざわざ遠くから訪れるお客も増えた。いったん来店した客を最大限喜ばす。それをモットーにやって来たので、他の経費を切り詰めながら原価率を四〇％近くかけて料理の満足度を高めている。先述したように二人のオーナーシェフの仲間と自ら築地に買出しに行って新鮮な魚介を仕入れている。年に二、三回は奥さんの実家まで行って芋類、ねぎ、ズッキーニなどを大量に仕入れたりもしている。

お客はここのフレンチに出会ってびっくりしてしまう。ボリュームたっぷりで、しかも盛りつけが懐石風。繊細で美しい。値段もその割には安い。昼の客単価が三〇〇〇円、夜が五五〇〇円から六〇〇〇円。ワインも三二〇〇円位から揃えてあるので手が届く範囲。客層は三十代後半から四十代が中心。ご夫婦でやってくる大人のお客も多い。ここもコストパフォーマンスを重視する人達ばかりである。

関根氏は調理師学校を出て都ホテルに就職。しかし大きな組織では勉強にならないと甲府で三年半、国立で十年ほど、腕あるシェフについてじっくりと修業。それが今生かされている。

▼健康志向で陽気な「ボナペティ」

この店は東側のはずれにある。JRの南側を走る末広通りを左折して数軒目の建物の三階にある。三階にはエレベーターで上がるが、それも通りから引っ込んでいるので、初めての人にはわかりにくい。

しかしこの不利な条件を克服してフレンチの名店を築きあげたのが西沢健氏だ。クリームやバターを多用するフレンチは重く、くどい。その時は喜んでくれた客も来店頻度が低くなる。だから本場フランスでも今は料理は健康志向になっていてクリーム、バターは極力避けている。

西沢氏は二十年前この店を立ち上げる時からそれは前提条件にしていた。この店では油はせいぜいオリーブオイル。素材の持ち味を生かして、加工しすぎずさっと提供していく。野菜は無農薬のもの。ワインでさえその無農薬にこだわる。西沢氏にとってそれは「基本の中の基本」になっている。魚介類も仲間と築地に買出しに行った新鮮なものを軽く手を加えただけでさっと出す。体に優しい料理をモットーにしているのでお客も疲れない。来店頻度が高くなっている。ワインは「中央線随一だと自負している」と西沢氏が言うように、ストックも常時二〇〇〇本くらいある。

ソムリエスクールの講師をやっていただけあって、西沢氏はワインに精通している。ここではワイワイ飲んで楽しんでもらうワインを中心に置いてあって、地方のテーブルワインで優れたものを選んでお客に提供する。

毎月異なった地方料理とそれに合うワインを用意しているのもこの店の特徴。一年に一回スタッフと一緒にフランスを約十日間かけて回る。七年間にフランス全土を一周する計画でプランを組んでいる。すでに昨年二〇一〇年、七年間かけて北から南への一周計画は終了した。また今年から次の一周プランを開始するという。そうやって今のフランスの文化、香りを料理やワインや接客サービスの中で提供しているのだという。

客は常連の客が九〇%、医者や弁護士などが多い。客単価は飲んで食べてフランスの文化と香りを味わって七〇〇〇円だから常連客は大満足なのだろう。

この店をやる前、西沢氏は日本家屋でフランス料理を楽しめる店として八〇年代話題になった「壺中房」で働いていた。その経営者は叔父の前田栄一氏だった。「壺中房」は、叔母の前田智恵子氏が婦人雑誌の友の会に関係していて無農薬野菜の普及に努めていたことに由来する。前田家でそれらの野菜が集荷されていたことで多くの女性が集まり、智恵子氏の食事を楽しむことも多かった。そこでここをレストランにしてみたらという話が持ち上がった。子どもがいなかった前田家に養子に入った橋本勝之氏が和食の経験を経て、武蔵小金井の名店「寺子屋」でフランス料理を修業してきた。そこで彼がシェフとなる「壺中房」が開業したのである。

箸で食べさせる和食感覚のこの店はまたたく間に話題となり、多くのメディアが取りあげ、六カ月先まで予約が取れない有名店になった。七〇〇〇円と一万円のコースのみだったが（昼は四五〇

「ボナペティ」

〇円と五五〇〇円）お客は味と雰囲気に酔った。西沢氏は全農で十年ほど米の仕事に携わった後に、この店に合流したのだった。

住宅街の真ん中のこの店に、車の客もどんどんやって来るようになった。ご近所への迷惑もあって、十九年前に惜しまれつつ閉店することになった。

残ったシェフと西沢氏は女性スタッフと共にフランスをめぐり、これからのフランス料理のあり方を考えた。二つ星、三つ星の店は「壺中房」と変わらないではないか、と思った。小さな町の小さな店では毎日食べられる味をした料理が一〇〇〇円前後で食べられた。彼らはそんな店に惹かれていった。

プロバンスなどにあった、クリーム、バターを控えた「クイジーヌマンスール」という料理スタイルが、これから自分達が目指す方向だと確信してた。それが「壺中房」閉店一年後の「ボナペティ」オープンの時のコンセプトになっていった。

手を抜かない料理は提供するが、気取った雰囲気ではなく、陽気で気軽な雰囲気の中で楽しんでほしい、と西沢氏は思っている。居酒屋的な雰囲気でいいじゃないかと思う。フランスの小さな町の小さなビストロの雰囲気を彼はこよなく愛しているからだ。はずれの三階のフレンチに人気が集まる謎も、それを聞くと解けてくる。

▼横丁の大型名店「焼肉　李朝園」

ハモニカ横丁の西端を北へ向かうと「コピス」(旧伊勢丹)にぶつかるが、その手前左側にコスモビルという雑居ビルがある。テナントは随分入れ替わってきたが、「李朝園」は街の再開発以前からあって今でも健在だ。炭火焼のこの店は地元では超人気店で、知らない大人たちは少ない。

今では主人の笹本陽太郎氏は店の運営を娘さんにまかせているが、店には毎日顔をだしている。設備の故障の時などにはいつも自分一人で修理にあたっている。もともと機械関係には強い人だった。芝浦工大を出て、船の機関長もやった経歴を持っている。戦前はさまざまな商売に手を出していく。函館で船の油を売買したり、江差でめんたいこを作る会社を手伝ったりしたこともあった。

吉祥寺にかかわりを持ったのは、山下という戦友との出会いから。東急百貨店のあった場所の隣に大きな防火用水があった。戦友の山下氏の父親がそれを買って埋め立てた。そこで笹本氏は氷とかアイスクリームを売るアイスガーデンなるものを造った。三十六坪の土地に砂利を敷き、椰子の木を植え、テーブルを置いた。ビアガーデンなど屋外ガーデンのはしりだった。それは大繁盛した。

当時は力道山の活躍を観るために庶民が街頭テレビに群がった時代。このガーデンにテレビを備え付け、夜はアイスクリーム一個一〇〇円を入場券代わりにした野外劇場を造った。屋根もなければテントもない空間だ。これも大当たりした。近くに住む江利チエミなどもやってきたという。

また冬には間口一間、奥行き六間の小さな屋根をつけた沖縄そばの店を営業した。もともと笹本氏は沖縄の出身。味は舌が覚えていた。これも大成功した。今でも高齢者のなかにはこの沖縄そばを覚えていて懐かしむ人もいる。

しかし、儲けた金は麻雀につぎ込んでしまい金は残らなかったと笹本氏は言う。兵隊で生き残ったという気持ちが、金を残す欲を捨てさせたようだ。

だが彼が手を出す商売はみんな当たっていく。次にやったのが焼肉経営だった。戦友の山下氏が建てた駅前商店街（現サンロード）入口左側にあるビルの中で、「李朝園」という炭火焼きの焼肉店を開業した。

現在のように街に焼肉店がそれほど多くはなかった時代。しかし高度成長経済の時代に入り景気は良かった。この店には客が入りすぎるほど入った。

やがて戦友の山下氏は〝無駄遣い〟がすぎて経営していた酒店をつぶし、この一等地のビルも買い取られる結果になった。ビルのオーナーが替わったという理由もあっただろうが、繁盛して狭くなりすぎたということで笹本氏は移転を考えた。

現在のコスモビルは、当時パチンコ屋や麻雀店を経営していた李という人が三人の共同所有で持っていたものだ。一、二、三階をスーパーが借りていたのだが、まもなくそのスーパーが撤退してしまった。二、三、四階が空室になって李氏は困っていた。そんな時に笹本氏から出店の依頼があった。

造作は笹本氏が持つから保証金は李さんが持つという約束のもと、共同経営で「李朝園」をここに移転して営業することになった。共同経営は今でも続いている。

最近、笹本さんを悩ませていることがある。運営の指揮を執る娘さんはよくやってくれるのだが、メニューに関して少々食い違いが生じている。それはワインの品揃え。焼肉店がワインを揃えるのは今ではあたりまえになっているが、その揃え方がフランス料理店のような高級なフランスワイン中心になってしまっていることを心配している。

薄利多売を商売のモットーにしてやってきたので、高級ワインによって客単価が上がってしまうことを恐れている。

「二人連れが来店して、男性が無理して値段の高いワインを取ってしまうと、あそこは高いという印象を植え付けてしまう。結果的に来店頻度を低めてしまう」と笹本氏は危惧しているわけだ。

外食傾向が多様化しお客の過ごし方が複雑になればなるほど、メニューの打ち出し方は難しくなる。娘さんの試みも常連さんたちの反応によってより良い方向に修正されていくのだろう。

「李朝園」が四階に入っているこのビルには、「サイゼリヤ」のような全国チェーンが一部入居しているが、全体的には雑居ビル。その後に建てられた商業ビルのようにテナント構成やフロア構成が整然としていない。ハモニカ横丁の延長線上にあるようにも見える。そんな意味からも横丁の大型名店といえるかもしれない。

▼「わらべ」人気の秘密

伊勢丹の後にできたコピスの地下にある自然派バイキング「わらべ」は、いつも女性客や家族連れで賑わっている。

〝自然派〟をうたっているだけあって新鮮な野菜を使った料理が大皿に盛られて並べられている。大皿もセンスある和食器が用いられていて、盛り付けにも品がある。汁ものもキノコのおから汁や豚バラと白菜の豆乳スープなど、健康重視のメニューが充実している。デザートもモロヘイヤ杏仁豆腐や黒胡麻プリンなどが用意してあって体重を気にする女性も安心して食べられる。

ランチが一六〇〇円、ディナーが一六八〇円という値段設定もリーズナブルで、リピーターが多いのも頷ける。

運営するのは株式会社アール・シー・ジャパン（梅木久生社長）。この会社はディズニーランドを経営するオリエンタルランドの小会社。テーマレストラン「レインフォレストカフェ・トーキョー」を運営する会社として設立されたもの。

そこで蓄積されたノウハウと人材を活かしながら、自然食の世界に入り込み、新業態を立ち上げたもの。チェーンシステムは避け、新鮮な食材をあくまでそのお店で調理して提供している。二人の調理人は和食出身とイタリア料理出身。和がベースだが、どこか洋風感覚が入っていて女性が喜びそうな盛り付けになっているのもそのためかも知れない。新鮮なものを新鮮な状態で食べてもらおうと商品の劣化には神経を使っている。

この店を吉祥寺に出店したのは〝自然派〟というコンセプトに敏感に反応してくれるお客が絶対的に多いと判断したから。古き良きものと、新しいものが同居し、文化的な要素と商業的要素がバランス良くミックスされた街である。ここには人工的に造られた舞浜では考えられないポテンシャルがある、と梅木氏は判断した。

オープン当初は中高年層が中心だったが、最近では小さな子どもを連れた主婦達が増えてきた。この店が〝食育〟の場になってきているようだ。

五十種類以上の有機野菜を使っていて、四季折々に旬のメニューを提供している。一カ月か一・五カ月ごとにメニュー内容を変えていてお客を飽きさせないのも人気の秘密。

そもそも「レインフォレストカフェ」は自然と動物をテーマにしたアメリカの人気レストラン。ジャングルにいるような気分を味わいながら食事ができる。〝自然〟と〝楽しさ〟をテーマにバイキングを志向したらこの店が出来上がってきた、ということなのだろう。今やこの店は〝吉祥寺の店〟に育ってきた。

▼ハンバーガーカフェが似合う街はずれ「ヴィレッジヴァンガードダイナー」

中心市街地はファーストフードの支配区だ。全国チェーンの全てはこの中心部分に貼り付いている。しかし、吉祥寺らしさを求めて遊歩する人達の多くは、そんな全国版は避けて〝らしさ〟をかぎつけて快適なひとときを過ごそうとする。〝らしさ〟は表側ではなく、裏側のほうに堆積されていく。

ハンバーガーショップも同じような傾向を示している。裏側のほう、中心部から離れたはずれにハンバーガーカフェが育ち始めていて元気がいい。井の頭通りを中央線のガードを越え、三鷹方面に向かうと右側に、ニューヨークのダイナースタイルレストラン（列車食堂をデザインテーマとしたハンバーガー中心の大衆食堂）のような賑やかなハンバーガーの店に出会う。

「ヴィレッジヴァンガードダイナー」がそれである。周りは店らしい店が一、二軒あるだけの場所だ。しかしこの店は明るく輝きお客で混み合っている。従業員も元気いっぱいで楽しそうだ。店内はニューヨークの裏通りのダイナーのように、ごちゃごちゃした感じがするが、それがかえって手作りの旨いハンバーガーを食べさせてくれる店、という雰囲気を醸しだしていて愉快になってくる。

ハンバーガーは七六〇円。チーズバーガーが九〇〇円。人気のあるアボガドを使ったペッパー&チューダーメルトバーガーになると一〇五〇円もする。

世界のビールも売りのひとつで、ビールを飲みながらボリュームたっぷりのこれら手作りハンバーガーを食べている姿はアメリカそのもの。外国人もここではホッとするらしく陽気な談話にふけっている。もともと親会社の雑貨店のブランドを使っているのだが、店造りや料理内容、それと元気のいい従業員の接客態度をみていると、企業が一事業体として経営しているようには思えない。店主の優しさや温もりが感じられるような店になっている。そこがこんなはずれにまでお客を惹きつける要因になっているようだ。

▼目を奪われる〝ソース屋のサンド〟

中道通りを西に歩いて行くと、「そーす屋のケンズさんど」の看板に一瞬目が奪われてしまう。マヨネーズやケチャップがすぐイメージされるサンドイッチだが、カツサンドやメンチカツサンドになったらやはりウスターソースだ。「私のこの店はソースにこだわっている」というメッセージがにくい。

店内はイートインスペースがあって、できたてを食べることができるが、テイクアウトが多い。店の奥には「ポールスタア」の各種ソースが陳列されていて、それを目当てに来店する客も多い。サンドイッチはメンチカツサンドとヒレカツサンドの二種類。メンチカツはフルサイズが九〇〇円でハーフが五〇〇円、ヒレカツのほうはフルサイズが一二〇〇円でハーフが六五〇円。ボリュームたっぷりなのでハーフのお客も多いようだ。

「ポールスタア」のウスターソースは無添加で野菜や果物をたっぷり使い、十種類以上のスパイスで味に深みを作りだしているので、味にこだわる主婦にファンが多い。もともとこの〝ソース屋〟さんは一八五〇年創業の歴史のある醤油醸造元だった。しかし大手のメーカーに押されて地場の小さな醤油メーカーはこれ以上発展しないと判断した四代目は、思い切って焼肉のタレとソースのメーカーに方向転換を図った。一九七七年のことだ。息子の現社長の桜井憲一氏が三十歳の時だった。

ポン酢やマヨネーズやドレッシングは、すでに大手が手を出していて入り込む余地がない。醤油を使ったこの二つのジャンルなら道は開かれるのではないか。そう判断して「ポールスタア」という会社を立ち上げた。しかしソース業界は伸び悩み、零細な会社ばかりだった。茶色で漢方薬の香りもするウスターソースに若い人は手を出してくれなかった。業界としてのPRも足りない。消費者に覚えられているのはブルドックとおたふくくらいだ。ブルドックにしても小さい市場でのトップにすぎない。

桜井氏はもっと若い消費者を掘り起こし、日本のウスターソースの奥深さを知ってもらおうと商品開発にも力を入れている。「中央線」というブランドは、日野のナシ、甲府のブドウ、松本のリンゴが含まれているのでその三つを結ぶ中央線の名を取ったものだが、そうやって消費者に親しく接しようとしている。

吉祥寺に店を構えたのも、ここには若い人が多く、一番住みたい街となっていることからだ。しかもサンドイッチという加工された商品を売りながらウスターソースそのものに近づいてもらおうと「ソース屋の」というメッセージを提起した。今確実にその試みは成功し始めている。

▼マンガ・アート・カフェの空間を提案「カフェゼノン」の試み

吉祥寺の北口からJRの線路に沿って西荻窪方面に向かう。弁天通り、水門通りを越えていくと静かな住宅街になっていく。しかし、最近水門通りとの角にあたるセブン・イレブンを中心としたその周辺に個性豊かな飲食店がいくつもできている。

「カフェゼノン」はセブン・イレブンをさらに先に行った場所にあって、フリの客にとってはわかりにくい。しかしJR高架下にある天井の高いこのカフェには昼も夜もお客がいっぱいで、どこからこんなに多くの人が集まるのか不思議になってしまう。

店内にはマンガともポップアートとも解釈できそうな装飾品が貼られたり、吊り下げられたりしているが、それは広い空間にほどよく調和が取れていてうるさくない。何か愉快になってしまい、居心地良さを感じてしまう。

キムソンへというシャンデリアアーティストが製作したシャンデリアはマンガ本やマンガ製作に使う、くも型定規などで作ってあるものだが、アート性が優れているせいか、お洒落な照明器具に見えてくる。ともかく楽しさの中に品位を保っている。

客層は二十代、三十代の女性が多いが、年齢層が幅広いことに統括店長の石橋ケンタロウ氏は驚いている。人の流れができて地元住民にも喜ばれている。

このマンガ・アート・カフェで統一した空間を創ろうと言い出したのはマンガ界では超有名なコアミックスの堀江社長であった。サブカルチャー、オタクという印象の強いマンガをもっとかっこ良く見せたい。アキハバラにはないかっこ良さを見せてやる。もともとマンガはかっこ良かったんだから。そう考えていた堀江氏は空間そのものに注目していった。

紙で描いていたマンガから電子マンガになった。やがて〝空間のマンガ雑誌〟が考えられるかも

「ヴィレッジ・ヴァンガードダイナー」(上)　「カフェゼノン」

しれないと堀江氏は思う。紙、電子、空間がいろいろリンクできる場を造ってしまおうとカフェを思いつく。十年くらい前から頭にあったことだった。マンガの世界で生き、これからのマンガのあり方を模索している前衛者のみが思いつく発想なのだろう。

彼はこの店で展開される店とお客、お客とお客のコミュニケーションができ上がるのは空間そのものの中でだと考えた。その空間がツールとなって作りだしていくであろうものを、期待を込めて見つめている。

このコアミックスも吉祥寺にオフィスを構えている。出版社は都心にオフィスを構えるが、マンガを発信していくには自然豊かな落ち着いた街がいいと思うからだ。しかもこの吉祥寺には文化人も多いし、何よりマンガ家が多く住んでいるので都合もいい。

統括店長の石橋ケンタロウ氏は、タカラトミーからコアミックスにやって来た。おもちゃとマンガが統一されたものともいえるキャラクターグッズを担当していたが、空間造りに参加するように要請され、このカフェの立ち上げを中心となって手伝った。

開店当初赤字が続いたことから「専門にやれ」と命令を受け店長に。もともとマネジメント能力があったのか、専任になったとたんこの店は黒字に転換していった。

▼人とのつながりを楽しむ「天壺《あまつぼ》」夫婦

ＪＲ北側線路沿いを西荻窪方面に向かい、住宅地の入り込んだ一角にある博多串焼き「天壺」は、最近個性的な店が出来始めた水門通りよりさらに〝奥〟に立地している。

店主馬場實氏は、夫婦二人で店を切り盛りしている。人なつっこいこの夫婦の人柄に引かれて、常連客でいつも混雑している。

物件探しに一年ほどかけてやっと手に入れた九・五坪の一階店舗。もう四年目になる。中心地は好きではなかった。隠れ家的な所でやりたかった。それがこの場所を選んだ理由だ。水周り以外は職人に頼まず、知人と自分達で店づくりをした。壊しては造る内装工事は、何から何まで初めての自分にとって新鮮だった。

料理もキャリアがなかった。ただ下北沢の知り合いの店で半年位ホールと仕込みを手伝っていた。奥さんの母親が料理がうまかったので彼女から随分調理は教わった。しかし串焼きなので塩は自分で工夫していった。自宅のガス台で試作を重ね、自分の塩を作っていった。職人技術を持たなかったので仕込みは神経を集中させて丁寧に仕上げていった。ネタケースに並べられた食材にそれが良く現われていた。鶉《うずら》の半熟たまごや野菜もの、名物の醤油のもちぶたなどが人気商品。

このご夫婦はお客とのコミュニケーションに積極的だ。というよりそれが好きで店をやっているという印象さえ受ける。サラリーマン生活十年の中で人としゃべるのには慣らされていた。しかし、人口がこんな多いのに出会う人はほんの一握り。もっといろいろなジャンルの人にあって見識を広めたい、という生き方そのものへの問いかけから飲食店のビジネスに飛び込んでいった人だから、お客とのコミュニケーションは彼自身のポリシーである。

「天壺」

お客の立場に立って考えるという姿勢は徹底していて、力を入れている焼酎でもここでは試飲を進めている。なかなか手に入らないものも多く揃えているので、お客も目移りする。そこで三本ほど選んで試飲してもらってから注文を受ける。それでもコップ満杯にしても五〇〇円程度なのでお客の来店頻度は高くなる。また、彼の人付き合いの良さはお客だけではなく、地元の人達とのつながりの中にも発揮されていく。大家さん、近くの飲食店のオーナー達などとどんどん親しい間柄になっていった。

吉祥寺は自分にとって都会のイメージが強かったので、地元の人とこんなにまで親しくなれるとは想像していなかったという。そういえば個性的店舗を出し続けるパワフルな若い経営者は、みんなこの地元の人の温かさを強調している。

▼はずれで輝く祝祭中国料理「竹爐山房」

井の頭通りを三鷹方面に向かい、中央線のガードをくぐると、商店街の賑わいはなくなり、急に静かな住宅街になっていく。

そんな住宅街の入口にさしかかるあたりで、舌の肥えた吉祥寺のグルメ達を夢中にさせている中国料理店がある。かつてNHKの料理番組に登場してその名を知られる山本豊氏が経営する「竹爐山房」がそれである。

六十二席ある店内はカウンター席、テーブル席、個室がバランスよく配置されていて、一人客の場合でも、家族客や小団体客の場合でも受け入れやすいようになっている。木材を基調とした落ち着きのある、品位をもった店舗デザイン。客単価は昼が一〇〇〇円から二〇〇〇円、夜が六〇〇〇円から八〇〇〇円である。

大地震の影響を受けて一時は落ち込んだ売上も、ファンが戻り始めて徐々に上向いているようだ。底力がもともと違う。客層も二十代、三十代よりも五十代、六十代が多く、常連客がしっかりとついている。

この店は九七年にオープンしているのだが、その十年前の八七年に南側の末広通りで開業していた。もっと規模は小さかったのだがNHK出演で知名度が一挙に高まったせいもあってお客が入りきれず、店舗を拡げるために移転してきたといういきさつがある。

山本氏は一九四九年高知生まれ。海と山の幸が豊かな風土で育っている。高校卒業後、湯島聖堂（東京・文京区）内にあった書籍文物流通会の料理部に所属して中国料理の修業に入る。この頃から中国料理の文献を再現してみては料理の幅を広げていった。

七六年に千葉・柏駅南口の「知味斎（ちみさい）」に入り、中国野菜などを積極的に料理に使用したりして店の発展に貢献していった。代々木上原の「ピオシャン」のオーナーシェフなど、「知味斎」を出て超繁盛店を作り上げた人達は皆、山本氏の影響を受けて一人前になっている。

この店では中国料理に合うワインを揃えていることでも知られている。ワインセラーまで持っていて本格的だ。「中国人は西安の時代からワインを飲んでいたし、香港ではフランスワインは当たり前だ」という山本氏の新旧織り交ぜた新感覚の料理とワインのある世界は吉祥寺らしい〝ジャズ気分〟を盛り上げる。

井の頭通りという大通りに面しているとはいえ、横丁の隠れ家的な存在である。

第5章

吉祥寺〝再活性化〟はなるか

記憶の中の吉祥寺
商工会議所屋上より「名店会館」を見る。「名店会館」は現在の東急百貨店。1964年撮影。「鈴木育夫写真作品集」より

吉祥寺の中心市街地は再開発計画が成功して急成長をとげ、そして今成熟期を迎えている。

中心市街地の核であった百貨店は最近伊勢丹が撤退し、東急一つになってしまった。再開発時に街の底力を見せた有力専門店はどんどん撤退して、高い家賃に耐えうる全国チェーンのディスカウンターなどがそれに取って代わっている。吉祥寺駅の乗降客数も伸び悩み、立川駅の後塵を拝するようになった。

▼さまざまな「活性化」の取り組み

武蔵野市行政や商店街の人たちは、街の活性化を中心テーマに置き動き始めた。活性化を課題に据えた行政系のさまざまな組織も立ち上がった。

武蔵野市商工会議所は集客力を高めることを目的に「武蔵野市吉祥七福神めぐり」とか「武蔵野ごちそうフェスタ」などのイベントを展開。今では「武蔵野地粉うどん」まで立ち上げようとしている。武蔵野市の地粉は三％ぐらいしか入らないものだが、地元名物としてブランド化したいとのことである。

二〇一〇年には「武蔵野市観光推進機構」という組織がつくられ〝都市観光〟をキーワードにソフト面での街づくりを目指している。都市観光という概念規定はまだ充分できていないようだが、非日常までには至らない日常性の中の脱日常のネタをつくり出していこうと意図しているようだ。

また「吉祥寺活性化協議会」という組織も、商工会議所と一体となって街の活性化に取り組んでいる。ここでは地元商店街と一緒になってイベントを主に展開している。会長も地元商人から出ている。春の吉祥寺音楽祭、秋のアニメーションワンダーランド、十一月の駅前広場のイルミネーション点灯など年間十二のイベントを手がけて街への集客増をねらっている。

また開発事業系の組織としては「武蔵野市都市整備部吉祥寺街づくり事務所」や「武蔵野市開発公社」などがある。

この開発公社はF＆FのA棟B棟（かって伊勢丹が入っていた場所で現在はコピス）を所有し、運営管理している組織。この組織はまた再開発予定地を先行取得したり、街区の整備事業該当者と共同でビルを建て、管理などを行なって物理面から街の活性化に関与している。

その他、各エリアごとに活性化組織が設けられている。

たとえば、昔〝近鉄裏〟といわれた地区の「イースト吉祥寺まちづくり協議会」、南口広場の開発計画を地元市民と考えていこうという「吉祥寺南口駅前協議会」などである。

これらにも開発公社や吉祥寺街づくり事務所が絡んでくる。

関係者の一人は「船頭が多すぎる」と嘆いていたが、内部の人がそう思うぐらいだから、外からは誰がなにをやっているのか、なかなか捉えにくい。しかし、いずれもベクトルが街の活性化に向いているのは事実。街の中心部に人を呼び込もうとあれこれ工夫している。

これらの組織を主導している人たちは地元商人が多い。商人の視点から集客を考え、市行政を動かしている。年間十二あるイベントにも、商店街の組合幹部が一役買っている。

ただ、長く続けているイベントでも認知度がまだまだ低い。折角多くの人を集めても、一過的に終わってしまうとか、お店の収益に直接結びつかないなど、悩みも多いようだ。

これらのイベントは商人たちが表面に立っていても費用は市から出ている。商人が汗水流して働いたお金でやるのではないから、商人自身に達成の喜びがあるかどうかわからない。ともかく恵まれているが、市行政や行政側にいる商人たちの活性化の取り組みについての批評は、主題からはずれるのでここでは避ける。

▼中心市街地の魅力が減退？

中心市街地の魅力は、あくまで吉祥寺の来街者が決めるものである。来街者は単なる購買者ではなく都市生活者たちだ。吉祥寺に来街した生活者は物を買う時に、商人がお客の生活シーンを想定して仕入れたもの、手作りのものに喜びを感じる。そしてその商人たちとの生々しい触れ合いでほっとする。第1章でみた、メンチカツの精肉店「さとう」、羊羹ともなかの「小ざさ」の行列をみればそれは明らかだ。

再開発直後の中心商店街には、地元商人たちはその店頭に立った。しかし今、その姿はほとんどみられなくなった。専門店の経営者の多くは店をテナントに貸し、賃貸業に専念するようになった。専門店の古くからのファンは失望し、全国版の専門店が集まったアトレなどで用を足すことになった。吉祥寺ファンの多くは、その利便性のみにしか魅力を感じなくなったのかもしれない。

中心市街地は時代とともにどんどん移り変わることを宿命づけられている。経済環境、来街者の購買傾向の変化などによって、商店街も変化させられる。これからどのように変化するか予想もできない。それほど中心市街地は移ろいやすい。

かつての専門店の主人たちが賃貸業に転身したからといって、それを責めることは誰もできない。むしろ彼らの多くは商店街の組合幹部になって活性化のためのイベントづくりに一生懸命である。しかもかつて表通りで店を張っていた人だけではなく、喫茶店やバーを経営していた人もいる。そんな人たちは横丁への理解も深い。

この春、「吉祥寺活性化協議会」が発行した（武蔵野市商店街連合会が協賛）「吉祥寺ライブスポットマップ」はすばらしい小冊子だ。横丁の名だたるライブスポットを丹念に拾い上げ、その店の特徴、歴史を懇切丁寧に説明してあって、今までライブに無縁だった人たちも近づきやすくなった。またハモニカ横丁にたいしても、隣接するダイヤ街の商店街組合幹部たちは温かいまなざしを投げかけている。ハモニカ横丁の人たちも共存共栄をモットーに今日までやってきたので対立することはない。

表通りと裏側の横丁、互いの寛容性が双方を魅力あるものにしている。

▼古いものと新しいもの、互いの寛容性

吉祥寺の六〇年代後半から七〇年代前半にかけての再開発は急速に進められ、道路整備事業もド

ラスティックに進められたので戦前の面影はほとんど残されていない。東京の都心部が、六四年の東京オリンピックを契機として大きく変貌し、戦前の姿は下町の一部を残しただけで消滅してしまったという事実は、吉祥寺においては再開発事業というかたちをとって数年後に現われた。

再開発事業によって古い街並みはなくなり、北口の駅前、三角地帯といわれたカオス状の一体は解体されていった。吉祥寺で終戦直後にできたものはハモニカ横丁だけになった。後は六〇年代の風景が断片的に残るだけである。

しかし街の原型は、戦前にはでき上がっていた。

ここに出所不明だが「週刊きちじょうじ」発行人の大橋一範氏などによって手が加えられ、地元の人たちが大切にしている手作りの戦前の商店街地図がある。

これによると平和通り、駅前通り（現サンロード）、仲町通り（現ダイア街）、音体通り（現ペニーレーン）、公園通りはすでにでき上がっていてまとまりのある商店街が形成されていたことがわかる。

大型施設がまだなかった時代。この商店街には地元の人たちが日常生活に必要とする全てのものが揃っていた。平和通りの鉄道側には桜が植えられ、春には花見が楽しめた様子がうかがえる。今のハモニカ横丁のところには大きな穴ぼこがあって子どもの遊び場になっていたことも興味がそそられる。

カフェも意外に多い。インテリが集まった「ナナン」をはじめ「鈴木カフェ」「カフェ黒猫」「カフェ西風軒」「ビリケンカフェ」などもあった。

昭和六（一九三一）年初めてトーキー映画が登場した「井の頭会館」（159頁）も公園通りにできていた。都心のモダニズムが吉祥寺にも染み込んできた様子が、これらカフェや映画館の存在からも知ることができる。

この地図の一角に「サラリーマンさんの家」。当時サラリーマンといえばエリート中のエリート。吉祥寺は三井、三菱系が多い高級地だった」というコメントがある。

大正末期からの東京は人口増加のため宅地が西へ西へと広がっていく。農地だったところが宅地に変わる。吉祥寺にもサラリーマンが移り住むようになった。しかし安サラリーマンが簡単に住めるところではなかった。当時形成されはじめた豊かな中産階級たちが中心だった。

そこに文化人たちもやってきた。大正から昭和にかけて東京の都市構造そのものが激変していき、商人や職人によってつくられてきた江戸以来の文化が破壊され、ビジネス街がつくられ、勤め人の文化にとって変わっていく状況に文化人たちが耐えられず、追い立てられるように郊外に移り住んだのだろう。

かつて西武鉄道の観光開発事業で活躍した佐竹環氏も吉祥寺に生まれ育った人だが、隣の家には埴谷雄高が住んでいて、大岡昇平や武田泰淳ら近代文学系のそうそうたる作家たちが訪ねてきていたという。また近くに住む政治学者の丸山政男、中国文学の竹内好もこの埴谷宅をよく訪れていた。

亀井勝一郎、吉村昭、金子光晴も吉祥寺に住みついていた。

「前進座」の河原崎長十郎、作曲家の服部良一、挿絵画家の志村立美なども南町周辺に住んでいた。佐竹氏が通っていた武蔵野第三小学校にも文化人、芸術家の子供たちが多かったという。

戦後は、終戦直後に造られた駅前闇市、ハモニカ横丁が街の雰囲気を一変させていったが、商店街は代が変わっても戦前からの風情を残していた。

それが再開発が実施されることによって、中心市街地の木造店舗はコンクリートのビル内店舗に生まれ変わり、アーケードがそれらをさらにモダンに映し出し、ファッショナブルなプロムナードに変化させていった。

さらに駅ビルのロンロンがJRの高架に伴って六九年に開業し、それによってハモニカ横丁は、生鮮食料品店などが打撃を受け衰退を余儀なくされていった。活気が徐々になくなり薄暗い、あやしげな横丁になり始めていた。

しかしそのあたりから二代目たちによって再生の動きが出始めていた。古いものと新しいものを結びつける貴重な試みがなされようとしていた。

そんな状況の中で手塚一郎氏がビデオショップ店開設を契機に横丁に興味を持ち、自分のイメージに沿った横丁造りを始めていった。スペインバルスタイルの店、焼き鳥の店、ビヤホール、最近では寿司の店までこの横丁に持ち込んだ（第1章参照）。

一方、この横丁を話し合いをしながら自分たちのペースで改革していこうと思っていた二代目たちにとっては、どうしてもスピード感がずれる。それが反感につながることもある。

開業間もない吉祥寺駅。右端に安藤家（１章43頁参照）経営の旅館がみえる。安藤徹氏の曾祖父の与平治氏の家族の肖像

手塚氏はハモニカ横丁という得がたい舞台を大切にして、横丁の持つ古さ、懐かしさ、怪しげさを、魅力あるかたちにデザインしようとする。古くからこの場所で生活し、営業しながら自己脱皮をしようとしている二代目たちの試みと手塚氏のデザインは、調和すべき段階に来ているようだ。

古いものと新しいものとの間に求められる想像力と寛容性が、今こそ必要だと思う。

あとがき

ハモニカ横丁に魅了され、それを読み取り始めた時、まず取りかかったのは古くからある横丁の中に新しい空気を吹き込んでいた手塚一郎氏の取材と、この横丁を丹念に調べ上げた井上健一郎氏の『吉祥寺「ハモニカ横丁」の記憶』の研究記録だった。

この研究記録の存在は朝日新聞・武蔵野版で知り、ハモニカ横丁の「なぎさや」主人入沢勝氏から譲りうけた。

井上健一郎氏は今は父親の経営する建築関係の会社の跡取りとして新潟に帰ってしまっているが、この貴重な調査を行なったのは、彼が法政大学の都市環境デザイン工学科に在学している時（二〇〇四年九月から二〇〇五年二月まで）であった。

彼は都市計画研究の格好の材料としてハモニカ横丁の調査に入っていったのだが、その研究態度は半端ではなかった。細かく仕切られたお店を一つ一つ訪ね歩き、移り変わりが激しかったその店と路地の歴史を紐解いていった。訪ねた先の店主と時には酒を酌み交わし、組合事務所に泊り込むこともあった。そうやって仕上げた年代別の用途別地図、一九六三年、一九七五年、一九八七年、一九九六年、二〇〇四年の店舗一覧は、行政でも他の研究機関でもできなかった労作である。もう二度と誰もこれ以上のものはできないだろうと思う。

この調査研究は、横丁のディテイルに引き付けられ、そこに身体を差し入れ、横丁を見えるものとしたかった私にとってとても貴重な教材になった。

一〇万坪以上の自然が構える井の頭公園はこの街を「住んでみたい街」にしている要因の一つ。街を遊歩する人たち、街で商う商人、文化を発信する人たちにとってもなくてはならない存在。取材してみてそのことを痛感した。街は井の頭公園という広大で水と緑豊かな公園を抱え込み、公園は吉祥寺という魅力ある街を従えている。

街を遊歩する人たちは、移ろいやすい都市の危うさの中でさまよっていても、無意識ではあってもどこかに井の頭公園を、回帰する母なる場所として大切にしている。井の頭公園を散策する人たちも、自然の中でヘルシーな時間を楽しんでいても、都市の中で遊歩する時に得られる心地よい緊張を忘れているわけではない。

帰りにはやきとりの「いせや」で立ち飲みしたり、「ファンキー」でジャズを聴いたりしようと目論んでいる。

都市遊歩者は、この吉祥寺に来るとこのように緊張と弛緩の時空間をジグゾーパズルのように出し入れして楽しむことができる。

吉祥寺の本を出してみようかと考えたのは、手塚一郎氏の経営するハモニカキッチンでスタッフとビールを飲んでいるとき。そのとき、一九八五年に『六本木高感度ビジネス』（洋泉社刊）に取り組もうとした時と同じ気分の高まりを感じていた。

当時洋泉社にいた杉山尚次氏が言視舎という出版社を立ち上げていたことを知り、早速彼に相談。ちょうど彼は地方の〝逆襲〟シリーズを出し続けていた時。吉祥寺が今最も注目されている街で、その中でもハモニカ横丁が話題の中心になっていることも彼は知っていた。

『吉祥寺　横丁の逆襲』のタイトルはその場で決められた。

猛暑が続く夏の頃、汗をかきながら取材に毎日吉祥寺を飛び回った。

六本木の時と同じように、吉祥寺の街や文化を育んできた人々を取材して回った。もうすでに鬼籍に入っている人や高齢者の方が多かった。今この瞬間に取材しておかなかったら、過去と現在のつなぎ目が消えてしまうな、と感じたことは何度もあった。

幸い取材したいと考えていた人には気持ちよく取材させてもらった。

ただ移ろいやすい都市の断面を切り取っていく作業は瞬間的に行なわれなければならない。その時間的な制約のため見落とした店と主人の大切な話は、まだあったかもしれない。

そうであったらぜひお許しいただきたい。

吉祥寺の再開発に貢献し、個人的にも親しくさせていただいた故山崎喜七氏や故松本宏氏、ジャズの街をつくった故野口伊織氏などが向こう側で私の原稿をどう評価してくれているだろうか。気がかりだが、きっと「ご苦労だった」と思っていただいていると確信している。

＊本書に登場する人物の肩書き、メニューの値段は、取材当時のもの。一部敬称略。

[著者紹介]

桑原才介（くわばら・さいすけ）

1940年生まれ。早稲田大学文学部中退。外食産業の経営コンサルタント、商業ビルなどの企画開発などで活躍。著書に『繁盛する店が美味しいのだ』（商業界）『六本木高感度ビジネス』（洋泉社）「『都市ごころ』を読め」（ＴＢＳブリタニカ）『高快度店を創る』（世界文化社）『飲食トレンド最前線』（商店建築社）などがある。

装丁………山田英春
DTP制作………勝澤節子

吉祥寺 横丁の逆襲
"街遊び"が10倍楽しくなる本

発行日❖2011年11月30日　初版第1刷

著者
桑原才介

発行者
杉山尚次

発行所
株式会社**言視舎**
東京都千代田区富士見 2-2-2 〒102-0071
電話 03-3234-5997　FAX 03-3234-5957
http://www.s-pn.jp/

印刷・製本
㈱厚徳社

ISBN978-4-905369-17-2 C0036

言視舎刊行の関連書

978-4-905369-06-6

青森の逆襲

“地の果て”を楽しむ逆転の発想

笑う地域活性化本！　新幹線が開通しても、やっぱり青森は地の果て？　しかし青森には都市がなくしてしまった自然・歴史・文化があります。逆境を笑い・楽しんでしまう発想は必ず東北の復興につながります。

福井次郎著

四六判並製　定価1400円十税

978-4-905369-12-7

茨城の逆襲

ブランド力など気にせず「しあわせ」を追究する本

都道府県魅力度ランキングで茨城は、今年も2年連続で最下位。では、本当にいばらきには魅力がないのでしょうか。もちろん違います。太陽、水、農業、方言、歴史そして人……茨城には「都会」にはない価値があふれています。「都会」のマネをしないが、本書の基本姿勢です。

岡村青著

四六判並製　定価1400円十税

言視舎が編集・制作した彩流社刊行の関連書

978-4-7791-1071-9

群馬の逆襲

日本一“無名”な群馬県の「幸せ力」

笑う地域活性化本シリーズ1　最近なにかと耳にする「栃木」より、ちょっと前の「佐賀」より、やっぱり「群馬」は印象が薄く、地味？もちろんそんなことはありません。たしかに群馬には無名であるがゆえの「幸せ」が、山ほどあるのです。

木部克彦著

四六判並製　定価1400円十税

978-4-7791-1082-5

高知の逆襲

混迷日本を救う「なんちゃじゃないきに」！

反骨、頑固、楽天気質！　龍馬をはじめとして土佐・高知はいつも「逆襲」モード。高知に学べば日本全体の「逆襲」が始まるかも。地元を元気にする情報を満載、他地域に応用でき、ひいては日本を活気づける智恵がここに。

木部克彦著

四六判並製　定価1400円十税

978-4-7791-1092-4

北海道の逆襲

眠れる“未来のお宝”を発掘する方法

北海道は住んでみたい土地ナンバーワンでも、本当は？　イメージはよくても、過疎、財政、補助金依存体質など、悩める問題、逆襲すべき課題は多々あります。ではどうすれば？ 具体的に提案します。

井上美香著

四六判並製　定価1400円十税